I0244583

Montpellier, Lith. de Boehm.

SAINT ROCH.

ÉTUDE HISTORIQUE SUR MONTPELLIER AU XIVᵉ SIÈCLE,

PRÉCÉDÉE D'UNE INTRODUCTION,
ET SUIVIE DE PIÈCES JUSTIFICATIVES INÉDITES
CONCERNANT SAINT ROCH;

PAR

PAUL COFFINIÈRES,

ANCIEN ÉLÈVE DE L'ÉCOLE D'ADMINISTRATION,
AVOCAT PRÈS LA COUR IMPÉRIALE DE MONTPELLIER.

MONTPELLIER,
J.-A. DUMAS, IMPRIMEUR,
PLACE DE L'OBSERVATOIRE, 5.

1855

PRÉFACE.

On l'a dit bien souvent, et on ne saurait trop le répéter, l'histoire ne se compose pas seulement d'une série de dates et de faits successivement enchaînés les uns avec les autres : elle est tout entière dans l'étude approfondie de l'humanité. Cette tendance philosophique qui s'attache à faire ressortir, des mille accidents d'une époque et d'un pays, les mœurs, les institutions et les idées, en un mot l'*esprit* de cette époque et de ce pays, est l'une des plus grandes gloires de notre siècle. Grâce à l'impulsion donnée depuis une trentaine d'années aux travaux de cette nature, par MM. Guizot et Thierry, le passé est pour nous une source inépuisable d'exemples et d'enseignements. Que de pas en arrière, que de fautes, que d'erreurs aurait évités aux peuples modernes la connaissance intime et raisonnée des causes qui ont accéléré les progrès de la civilisation, et de celles qui en ont arrêté ou retardé la marche ! Quelle garantie n'y trouveraient pas les générations nouvelles, contre les regrettables entraînements de l'inexpérience et des passions ! Le salut de l'avenir, la clôture définitive des révolutions qui bouleversent si souvent le monde, réside dans la popularisation de ces études philosophiques du passé.

Pour apprécier sainement cette vie morale, politique, intellectuelle des nations qui nous ont précédés, et en faire ressortir les fécondes conséquences, il faut préalablement étudier, jusque dans leurs moindres détails, les mille accidents qui composent l'existence humaine. Plus on cherche à généraliser avec précision un ensemble de faits, plus on demeure convaincu que rien ne doit être négligé. On est souvent étonné des renseignements inattendus qu'apporte, dans l'étude de l'histoire, la connaissance exacte et minutieuse des choses même les plus futiles en apparence.

Or rien ne fait entrer plus avant dans les mœurs intimes d'un peuple que ses traditions et ses légendes. C'est sa poésie et son histoire, l'expression populaire des sentiments, des passions et des croyances qui l'ont animé, le miroir de son existence matérielle, religieuse et morale. « Dans toute étude du moyen âge, dit M. de Montalembert, la foi implicite du peuple, l'adhésion unanime de l'opinion publique, donnent aux traditions populaires inspirées par la religion une force qu'il est impossible à l'historien de ne pas apprécier. » Quel fait mémorable, quelle bataille, quelle révolution ont exercé sur les hommes autant d'influence que les traditions populaires? « Ouvrez où vous voudrez un recueil de légendes, s'écrie M. S*t*-Marc Girardin, il n'y en a pas une seule qui n'ait servi à améliorer le peuple, qui n'ait prêché, enseigné les vertus qui importent à l'homme et à la société, et qui n'ait enfin contribué pour sa part à la civilisation européenne! » Les lettrés, rares de tout temps, ont étudié, raconté et commenté les faits; le peuple, c'est-à-dire la presque totalité des individus, a appris et répété les élans, les merveilles, les exaltations, les rêves, les joies et les terreurs de la piété, transmis ainsi d'âge en âge, par la voix publique, cet immense écho de la voix de Dieu.

Ce qui caractérise surtout les légendes du moyen âge, c'est l'esprit de foi sincère que nos simples et bons aïeux répandaient dans toutes leurs actions. Ces natures confiantes et impressionnables acceptent sans hésitation les récits les plus surnaturels et les plus mystérieux, dès qu'il s'agit d'une manifestation de la puissance divine. Ils les répètent aussitôt à qui veut les entendre, en les embellissant de la poésie naturelle que leur inspire leur âme avide de merveilleux. Les *esprits forts* rient de ces naïves et pieuses légendes, qu'ils ont appelées avec mépris *la mythologie chrétienne ;* mais les intelligences vraiment sérieuses en apprécient la haute portée. Elles y voient la peinture vivante et animée des mœurs et des idées d'une époque. « Aujourd'hui, dit un juge compétent (1), toute cette poésie a pour nous un intérêt historique sur lequel on ne saurait trop insister ; elle offre la plus vive image de l'esprit du temps. » L'importance des traditions populaires, même les plus fantastiques, ne saurait donc être niée ; et, s'il fallait accepter l'expression dédaigneuse que nous citions tout à l'heure, *la mythologie chrétienne* nous paraîtrait une source de poésie bien autrement pure, féconde et originale, que la mythologie usée de l'Olympe.

Saint Roch, le plus grand saint que la France ait produit, un des plus célèbres du moyen âge, a été l'objet de mille récits de ce genre. Nous avons essayé de les réunir dans ces quelques pages.

On n'y trouvera pas de ces événements dramatiques et multipliés dont les nombreuses péripéties tiennent en suspens l'attention émue du lecteur. Son existence, si courte et si bien remplie, n'a été troublée par aucune de ces grandes révolutions qui ont signalé la vie et la conversion de quelques-uns des saints les plus illustres. Elle se compose de faits simples, dont l'intérêt réside surtout dans les sentiments qui les ont inspirés. Nous les donnons tels que nous les avons trouvés, nous contentant de remplir le

(1) VILLEMAIN, *Histoire de la littérature du moyen âge.*

plus souvent possible le rôle de traducteur. Si quelques détails nous ont fait sourire par leur crédule naïveté, nous n'avons eu garde de les omettre. Sans accepter aveuglément toutes les exaltations de la foi de nos pères, nous nous inclinons avec respect devant elle, sûr d'y trouver l'expression la plus fidèle et la plus complète de leurs mœurs et de leurs idées.

La vie de saint Roch n'est pas du reste un fait isolé, spécial, étranger au monde qui l'entoure ; elle en représente au contraire tout un côté : la religion, la poésie et l'amour. L'immortel pèlerin, le guérisseur miraculeux, le héros de la charité et de l'humilité chrétiennes, résume dans ses œuvres les croyances, les aspirations, les sentiments et les vertus de son temps et de sa patrie. Il est la plus haute personnification de ces milliers d'âmes généreuses qui illustrèrent le XIIIe siècle par leur sainteté et leur dévouement, le type idéal de cette foi ardente, de cette charité divine, de ce zèle infatigable qui commençaient déjà à devenir plus rares chaque jour. Son histoire est la dernière et sublime expression d'un âge qui s'en va ; elle en est l'image la plus vraie, la plus saisissante, la plus historique en un mot. Pour en faire un tableau fidèle, il fallait le peindre avec les couleurs de son époque, et le montrer dans tout l'éclat de cette complète beauté dont il resplendissait aux yeux des peuples du moyen âge.

Dans ce but, nous avons essayé d'abord de présenter dans une introduction, trop longue peut-être, un aperçu général de la société européenne à la fin du XIIIe siècle, et d'encadrer ensuite la biographie de notre héros dans quelques scènes de mœurs qui pourront donner une idée de la vie politique, matérielle et religieuse de Montpellier, à l'époque la plus brillante et en même temps la plus curieuse de son histoire. Ces tableaux de genre, dont le seul mérite, s'ils en ont un, consiste dans la plus scrupuleuse exactitude, se trouvent tout naturellement groupés autour de la grande figure de saint Roch, qui en est le centre lumineux, et dont on l'avait tenu jusqu'à ce jour constamment isolé. Malheureusement les récits contemporains manquent sur notre héros, et, par suite, bien des détails de cette glorieuse existence sont perdus à jamais pour nous. C'est plus d'un siècle seulement après sa mort, en 1478, qu'un savant patricien de Venise écrivit la première et presque la seule histoire de sa vie qui soit parvenue jusqu'à nous. (Celles qui ont paru depuis en reproduisent aveuglément les naïvetés et les erreurs) (1). L'œuvre de F. Diedo, malgré un curieux mélange d'érudition et d'ignorance, de foi chrétienne et de paganisme classique, est encore bien précieuse à nos yeux : c'est le recueil des traditions populaires les plus en vogue, à cette époque, sur le célèbre pèlerin. Pour en expliquer le sens et la portée, il fallait les éclairer des mille reflets qui les environnaient alors, les replacer au cen-

---

(1) Voir la note sur les biographes de saint Roch.

tre de cet ensemble multiple mais indivisible, dont toutes les parties se lient, se complètent et s'expliquent mutuellement. C'est ce que nous avons voulu faire.

Un point capital a toujours été contesté : la naissance de saint Roch à Montpellier.

Nous avons traité cette question dans une note séparée, et l'avons éclairée d'un jour tout nouveau par la publication de précieux documents, inconnus des historiens qui nous ont précédé. Nous les éditons sous le titre de *Pièces justificatives*.

Nous ne terminerons pas sans remercier l'auteur de l'*Histoire de la Commune de Montpellier*, dont les consciencieux travaux et l'inépuisable bienveillance nous ont prêté un si utile et si généreux concours, et notre excellent ami M. Gustave Rousset, qui a bien voulu être notre modeste et infatigable collaborateur.

P.-S. — Au moment où nous achevons ces pages, la ville de Montpellier, sentant enfin se réveiller le sentiment de sa gloire intime et s'associant ainsi au mouvement d'idées qui, depuis une vingtaine d'années, s'accomplit dans toute l'Europe, va donner au plus illustre et au plus généreux de ses enfants un éclatant témoignage de sa *tardive* reconnaissance. La protection constante qu'il n'a cessé d'accorder à la ville natale dont il semble avoir accepté le patronage (1), l'ardent empressement avec lequel la population montpelliéraine a chaque fois imploré son secours dans les époques désastreuses de son existence, jetaient sur cette importante cité un reproche d'ingratitude qui s'aggravait chaque jour. Saint Roch, auquel la catholicité entière a élevé de magnifiques églises, n'avait pas encore dans sa patrie un sanctuaire digne de lui, digne du Dieu dont il fut un des plus glorieux serviteurs! Réparation va être faite! Une église monumentale, à l'érection de laquelle nos modestes efforts ont constamment tendu (2), s'élèvera bientôt sous son invocation, et perpétuera chez les générations futures la gloire et la puissance du Vincent de Paul du XIV° siècle.

Avril 1855.

(1) N'est-il pas digne de remarque, en effet, que Montpellier a été presque exempt du choléra dans les trois invasions qu'il a faites en France. — Voir, dans le *Messager du Midi* du 18 août 1854, l'imposante manifestation accomplie à Montpellier le jour de la fête de notre héros, pendant la dernière épidémie qui a désolé l'Europe.

(2) *Projet de construction d'une église monumentale en l'honneur de saint Roch.* — Montpellier, imp. Martel, 1852.

INTRODUCTION.

> Le mouvement d'étude et d'activité littéraire qui, en partie excité par la France, se communiquait aux autres nations, fait de cette époque trop négligée [fin du XIIIe siècle] un des âges mémorables de l'histoire moderne.
> [VILLEMAIN.]

CHAPITRE Ier.

ÉTAT DE L'EUROPE A LA FIN DU XIIIe SIÈCLE. — Importance de cette époque. — Philippe le Bel et Boniface VIII, Dante et saint Roch. — Le vieux monde et le nouveau. — Période de transition : apparition du scepticisme religieux; aux croisades succèdent les pèlerinages, germe de la société moderne. — Développement de l'esprit de nationalité.

Pour tout homme sérieux et réfléchi, l'apparition des êtres supérieurs, des natures d'élite, se rattache mystérieusement aux temps qui les ont vus naître. On dirait que la Providence prend le soin d'envoyer à chaque siècle, à chaque grande modification dans la marche de l'humanité, des hommes de génie qui résument, dans leurs œuvres, les tendances et les aspirations de leur époque : l'histoire universelle pourrait donc se concentrer dans un certain nombre de monographies, qui feraient apprécier avec exactitude les progrès des idées, de l'intelligence et de la civilisation. Cette pensée a donné naissance, dans ces dernières années, à une série de publications de ce genre, dues à la plume de nos maîtres les plus éminents.

Saint Roch, le type du dévouement chrétien au moyen âge, nous a paru réunir les éléments d'une étude analogue ; nous avons essayé de reproduire les principaux traits de cette glorieuse existence, et de peindre ainsi une des faces les plus intéressantes d'une époque trop négligée, et dont la haute importance est en général peu connue. Les quelques années qu'il a passées sur la terre (1295-1327), étonnant le monde par les prodiges d'amour et de charité dont sa carrière est remplie, coïncident, en effet, avec ce moment décisif où l'Europe fait un violent effort pour se dégager des entraves du moyen âge, et semble vouloir secouer cette foi vivace qui jusqu'alors avait fait sa force et sa gloire. La modestie et le silence obstiné de l'infatigable pèlerin n'ont pu réussir à laisser son nom dans l'oubli. La justice de Dieu et la reconnaissance des hommes l'ont tiré de cette obscurité qu'il avait tant cherchée. L'histoire de sa vie offre, dans sa sublime simplicité, de nombreuses analogies avec ce qui se passait autour de lui. Elle ne peut être comprise et appréciée qu'en connaissant le milieu dans lequel il a vécu, et dont il est la plus haute personnification. Aussi, malgré notre insuffisance, avons-nous tenté, à l'exemple des écrivains distingués dont nous parlions tout à l'heure, d'exposer brièvement, pour les quelques amis qui nous liront, la situation politique, morale et religieuse de l'Europe à la fin du XIII° siècle.

Cette courte mais intéressante période qui, pour l'historien, est représentée par Philippe le Bel et Boniface VIII, se condense, pour le philosophe, historien de la pensée humaine, en deux grandes figures : Dante et saint Roch. Ces deux puissants génies sont l'expression la plus énergique et la plus complète de la société qui les a vus naître. Ils n'ouvrent pas une ère nouvelle, ils terminent le moyen âge et le résument dans leurs œuvres.

La *Divine Comédie* est l'épopée religieuse et guerrière ; et, en quelque sorte, l'encyclopédie de cette seconde antiquité ; la vie de saint Roch est le type idéal de cette charité divine, de cet amour enthousiaste qui l'illumine de ses magiques et éblouissants reflets. Le double symbole de ces temps chevaleresques se personnifie dans ces deux immortelles natures : l'Homère chrétien et le guérisseur miraculeux, la philosophie et la religion, la foi et la charité, la poésie et l'action. Ils apparaissent debout, sur le seuil, au milieu des ruines amoncelées du moyen âge, dont ils dominent l'ensemble, comme ces gigantesques basiliques dont les hardiesses architecturales dépassent de toute leur hauteur les monuments qui les entourent.

Avec eux le vieux monde disparaît et s'éteint, les institutions et les mœurs s'écroulent avec fracas. Quel tumultueux et inextricable mélange de foi et de scepticisme, de tyrannie et de liberté, de légistes et de chevaliers, de barbarie et d'indépendance, d'exactions et de justice, de vérités et d'erreurs, de vices et de vertus! Sous cet amas de décombres se retrouve pourtant le germe de notre civilisation européenne, et de ces débris épars, et bouleversés encore pendant près de deux siècles, sortira le monde moderne! Tâchons d'en retrouver les traces :

Tout se modifie à la fin du XIIIe siècle : la société, les institutions, les idées et les mœurs subissent chaque jour de profonds changements, dont les fécondes conséquences font de cette époque de transition une des plus importantes dans l'histoire de l'humanité. Jusque-là l'Europe était un véritable chaos, au sein duquel se constituaient lentement, sous leurs formes natives et originales, les divers éléments de la civilisation. Plus on approfondit l'étude de cette période, plus on y constate l'absence de ce qui constitue de nos jours les sociétés politiques : le gouvernement et le peuple. « Du Ve au XIIe » siècle, dit M. Guizot (1), la société contenait

(1) *Histoire de la civilisation en Europe.*

» des rois, des bourgeois, des colons, les pou-
» voirs religieux, civil, les germes, en un mot,
» de ce qui fait une nation et un gouvernement;
» et pourtant point de gouvernement, point de
» nation. »

Vers la fin du XIe siècle, l'Occident se lève sans distinction de nation ni de caste, et, pour la première fois, marche sous une seule bannière, celle de la croix. Il semble qu'une même commotion électrique ait frappé à la fois tous ces hommes, jusqu'alors inconnus et étrangers les uns aux autres. Un simple moine des abbayes de Cîteaux ou de Clairvaux suffit pour armer l'Europe contre les infidèles et la lancer dans ces expéditions lointaines.

Après la mort de saint Louis, une transformation subite s'opère en Occident : on parle encore des croisades, on les prêche avec ardeur, les papes usent de toute leur influence pour les renouveler, les rois eux-mêmes se croisent et font vœu de porter les armes en Terre Sainte (1); et cependant presque personne n'y va plus. Rien ne peut ranimer ces populations, naguères si impatientes et si aventureuses. La foi catholique aurait-elle disparu tout à coup? Elle est toujours

---

(1) Philippe le Bel prit la croix avec toute sa famille, beaucoup de seigneurs et le roi d'Angleterre lui-même; mais le serment d'aller en Terre Sainte n'était plus qu'une vaine cérémonie propre à donner une réputation de zèle et de bravoure, un moyen pour obtenir du pape le droit de lever des décimes sur le clergé et le peuple.

(Th. LAVALLÉE, *Histoire des Français*.)

aussi vivace, aussi profonde, aussi énergique ; mais les idées religieuses ne sont plus l'unique sphère dans laquelle s'exerce l'intelligence humaine. L'esprit moqueur des trouvères et leurs hardiesses licencieuses ont déjà fait pénétrer au cœur de la société le sourd et lent effort du doute.

Les contes, les fabliaux, les romans de chevalerie, sont parsemés de traits satiriques et irrévérencieux contre ce qu'il y a de plus respectable, de plus sacré et de plus puissant : les femmes, les prêtres et les rois ! Le roman du *Renard* et celui de la *Rose*, ces interminables et prosaïques allégories qui acquirent si rapidement une célébrité universelle, développent avec une liberté inouïe le matérialisme le plus effronté. *Ces audacieuses tentatives de quelques libertins du XIIIe siècle* (1) sont comme le contre-poids de la *Divine Comédie*, cette sublime peinture de l'esprit religieux et poétique du moyen âge. Le scepticisme du XVIIIe siècle perce déjà sous ces fades et triviales bouffonneries, hérissées de subtilités scolastiques et de galanteries ampoulées. Rutebœuf, Pierre Cardinal, Guillaume de Lorris, Jean de Meung, sont les précurseurs de Luther, les ancêtres de Voltaire, qui méconnaîtra pourtant lui-même sa propre généalogie.

Il ne faut pas s'y tromper, cet esprit licencieux et satirique qui inspirait le sarcastique

(1) Ampère.

auteur de *Candide* et de la *Pucelle* comptait déjà de nombreux adeptes dès la fin du XIIIe siècle. Ce qui caractérise, en effet, cette curieuse époque, c'est la présence simultanée de deux littératures : l'une religieuse et enthousiaste, l'autre profane et caustique ; la première, empreinte de poésie, de foi et d'amour ; la seconde, respirant ce sensualisme épicurien et railleur qui déborde au XIVe siècle. C'est pour avoir envisagé seulement l'un de ces deux aspects que des écrivains consciencieux et érudits sont devenus admirateurs exaltés ou détracteurs impitoyables de ces temps si diversement jugés, et si dignes de notre attention et de notre respect. Il y a plus : jusqu'au milieu du XIIIe siècle, les romans de chevalerie et les fabliaux avaient fait toute la littérature du moyen âge ; dès le règne de saint Louis et surtout sous Philippe le Bel, de nombreuses traductions en langue vulgaire des ouvrages de philosophie, et même des traités scientifiques, viennent prouver que les esprits devenaient tous les jours plus éclairés et plus studieux, et, par suite, moins naïfs et moins crédules.

Ce n'est déjà plus ce temps de candeur et de foi dont parle M. de Montalembert (1), « où les seigneurs et les rois ne croyaient pas » leur vie complète avant d'avoir vu la Terre » Sainte, cette époque de piété et de ferveur » héroïques où les femmes elles-mêmes ne re-

(1) *Introduction à l'Histoire de sainte Élisabeth de Hongrie.*

» culaient pas devant les dangers et les fatigues
» de ces magnifiques pèlerinages ; car, d'après
» les récits des historiens contemporains, on
» comptait presque autant de princesses que
» de princes dans les camps des croisés, où les
» enfants eux-mêmes, subissant l'entraînement
» général, allaient, en 1212, mourir en Orient,
» épuisés par la fatigue et par la chaleur du
» climat, victimes de cet amour du sacrifice,
» de ce dévouement exclusif aux croyances et
» aux convictions qui animaient l'homme de ces
» temps-là, depuis le berceau jusqu'à la tombe,
» et dont ils furent la suprême expression. »
Cet élan universel est à peu près assoupi ; c'est à peine si quelques rares bandes, en général peu nombreuses, se dirigent vers Jérusalem, sous la conduite de petits seigneurs féodaux, qui, pour se maintenir dans leurs anciennes positions, ont besoin d'expéditions lointaines.

Cependant cette soif de conquêtes qui, attisée par l'enthousiasme religieux, avait entraîné l'Europe vers la Terre Sainte, ne pouvait disparaître tout à coup sans laisser quelques traces. Ces idées belliqueuses, excitées et entretenues par les croisades, ne s'éteignirent pas subitement ; elles se transformèrent. Il fallait un aliment à ces populations ardentes et batailleuses, qui exposaient si généreusement leur vie pour conquérir le tombeau de Jésus-Christ. Ne pouvant s'en emparer par les armes, elles essayèrent de dominer les infidèles en travaillant à leur conversion. Ce nouvel esprit de conquête religieuse fut répandu en Europe par un homme de génie, dont le zèle et les vastes connaissances égalaient l'héroïque courage. Grâce à l'ardeur infatigable du bienheureux Raymond Lulle, le Docteur illuminé, mort à Bougie en 1315, victime de son dévouement, les langues orientales, jusqu'alors inconnues en Occident, furent enseignées dans les principales universités du monde chrétien. Des colléges furent fondés dans ce but, et, si des résultats immédiats ne vinrent pas couronner, de son vivant, ses incessantes démarches, on ne peut méconnaître néanmoins l'influence qu'il exerça sur l'esprit et les idées de son temps. L'illustre Majorquain voulait, en vulgarisant l'usage des idiômes vivants, susciter des discussions théologiques avec les philosophes arabes, et ruiner par la persuasion les doctrines de Mahomet, en y substituant celles de l'Évangile. Cette généreuse pensée trouva un écho dans bien des cœurs, et l'on vit bientôt de savants théologiens, préludant aux courses apostoliques des missionnaires portugais et espagnols du XVIe siècle, aller porter en Afrique, au péril de leur vie, les immortelles semences du christianisme.

Dans la masse des populations, le goût des pèlerinages a sucédé à la passion des croisades. Pendant plus d'un siècle, l'Europe est sillonnée dans tous les sens (1) par de pieux pèlerins, qui,

(1) Pendant près de deux siècles, les pèlerins transmettaient les dépêches dans tous les pays du monde et

armés d'un simple bâton, se rendent vers les sanctuaires les plus renommés. Ce n'est pas là un simple fait accidentel, local, individuel, mais comme un second mouvement général, dont saint Roch est le type, inspiré et entretenu par la divine et merveilleuse influence des ordres mendiants de St-Dominique et de St-François, véritables pivots de la société d'alors. Un fait mémorable, qui termine le XIIIe siècle, vint donner encore à cet usage général une nouvelle et irrésistible impulsion. L'an 1300, le pape Boniface VIII publie une bulle par laquelle il accorde une indulgence plénière à tous ceux qui, étant véritablement pénitents et s'étant confessés, visiteront les églises de St-Pierre et de St-Paul. Aussitôt, des extrémités les plus reculées de la terre, une foule innombrable se précipite vers la capitale du monde chrétien. On eût dit, s'écrie M. Michelet, que, les temps étant accomplis, le genre humain venait par-devant son juge dans la vallée de Josaphat! Mais écoutons le froid et impitoyable historien de Florence, Jean Villani, qui alla, lui aussi, à Rome gagner son jubilé : « Une grande partie des chrétiens qui
» vivaient alors firent ce pèlerinage, les femmes
» comme les hommes, de divers pays, de loin,
» et ce fut la chose la plus étonnante que l'on
» vit jamais, que, pendant toute l'année, il y

faisaient, pour ainsi dire, le service de la poste aux lettres.

(A. MONTEIL. *Hist. des Français des divers Etats.*)

» avait eu à Rome, outre le peuple romain,
» 200,000 pèlerins, sans compter ceux qui étaient
» sur la route pour aller et pour revenir. Et j'en
» puis témoigner, dit-il en terminant, car je fus
» présent et j'ai vu. »

Les rois eux-mêmes, dans leurs traités politiques, consacrent l'importance de ces pieuses excursions, en les imposant parfois aux peuples vaincus ou révoltés. Ainsi l'un des articles de la paix conclue entre Charles le Bel et les Flamands prescrit qu'en expiation des outrages supportés par les églises de Flandre pendant la guerre, les habitants de Bruges et de Courtrai désigneront trois cents d'entre eux, dont cent iront en pèlerinage à St-Jacques en Galice, cent à St-Gilles et à Notre-Dame de Vauvert, et les cent autres à Notre-Dame de Roc-Amadour. Souvent un confesseur infligeait pour pénitence de loger et entretenir un pèlerin pendant un temps fixé. Ces hardis voyageurs étaient devenus si nombreux (1), que chaque ville située sur la route des pèlerinages les plus fréquentés entretenait des hospices, où ils étaient accueillis avec une bienveillance inépuisable. Les hôpitaux n'étant plus bientôt assez vastes pour les recevoir tous, le soin de les héberger donna naissance à une branche spéciale d'industrie. A Montpellier, par exemple, on trouve dans un statut consulaire de

(1) La cour du Petit-Scell, établie par saint Louis à Sommières, puis à Aigues-Mortes, et transportée par Philippe le Bel à Montpellier, fut fondée pour le service des pèlerins de la Terre Sainte.

cette époque, parmi les métiers dont la répartition est faite par échelle, *des logeurs de pèlerins* (1).

Dès la fin du XIII⁰ siècle, la société porte donc dans son sein de profondes modifications. Le règne de Philippe IV semble être le trait d'union entre le moyen âge et le monde moderne. C'est une période d'enfantement pendant laquelle s'opère ce travail lent et caché, qui a eu pour dernier résultat la constitution définitive de la civilisation européenne. Ceux qui vécurent au milieu de cette époque tourmentée ne pouvaient guère remarquer cette marche mystérieuse de l'humanité ; mais l'historien, placé haut et loin, découvre déjà, au travers du chaos qui les enveloppe, les germes de cette lente et laborieuse transformation : la féodalité est si profondément modifiée que sa ruine ne peut plus être mise en doute ; les communes proprement dites (sauf en Italie) disparaissent avec une inexplicable rapidité ; l'influence temporelle de l'Église décroît sensiblement, et la royauté barbare et féodale, jusqu'alors impuissante contre les orgueilleuses prétentions des grands vassaux, fait place à *une suprême magistrature, une espèce de force* qui s'accroît chaque jour, et arrive, avec Philippe le Bel et Edouard I⁰ʳ, aux portes du pouvoir absolu (2).

En même temps un fait d'une grande importance s'accomplit en silence : l'esprit de nationa-

(1) Germain.
(2) Guizot, *Hist. de la civil. en Europe et en France*.

lité, jusqu'alors inconnu, commence à se dessiner et à se développer dans toute l'Europe. La bourgeoisie, devenue plus nombreuse et plus forte, prend, grâce à l'influence croissante des légistes, une importance considérable. Les rôturiers pauvres, mais instruits, qui avaient gouverné les rois anglais dès le XIIe siècle, saint Louis, Alphonse X et Frédéric II, au XIIIe siècle, deviennent, sous Philippe le Bel, une classe sociale, le tiers état, qui finira par absorber tous les pouvoirs dans son sein. Protégés par la royauté, dont ils contribuent si puissamment à augmenter l'autorité souveraine, ces impitoyables démolisseurs du moyen âge sont les fondateurs de l'ordre civil aux temps modernes.

Le peuple semble déjà pressentir sa future puissance; il commence à lever la tête pour réclamer ses droits. En Italie, les villes libres se liguent contre les gentilshommes; en Sicile, après la mort de Frédéric II, la querelle des Guelfes et des Gibelins, changeant une seconde fois d'objet, n'est plus qu'une lutte entre les nobles et les plébéiens; dans le royaume de Naples, le massacre des Français à Palerme (Vêpres siciliennes, 1282) vient prouver aux princes et aux rois effrayés que le peuple est fort contre la tyrannie et l'oppression; les rois de France et d'Angleterre, plus clairvoyants et plus perspicaces, malgré leurs tendances despotiques, s'adressent directement à la nation pour en obtenir des secours (Édouard admet les représentants des communes au Parlement en 1295, et Philippe appelle les députés du tiers état à l'assemblée des barons en 1302); en Espagne, les communes s'allient contre les fils des Goths (origine de la Ste-Hermandad, établie en Castille en 1260); enfin, en Allemagne, les députés des villes immédiates exercent le droit de suffrage sous le règne d'Adolphe de Nassau, et la rigoureuse tyrannie d'Albert d'Autriche fait éclater l'insurrection suisse (1308) et la formation de la ligue helvétique. Ce mouvement général se produit en Europe dans l'espace de cinquante années tout au plus après les croisades; mais c'est en France surtout que nous pourrons en suivre et en étudier les modifications et les développements successifs.

CHAPITRE II.

France. — Sa suprématie en Europe. — Commencement de l'ère nationale. — Paris rendez-vous scientifique.

De saint Louis à Philippe de Valois, les diverses transformations que nous venons d'esquisser rapidement se produisent, dans notre patrie, d'une manière plus évidente encore que dans les autres parties de l'Europe. La royauté, les États généraux, le parlement, toutes nos grandes institutions se fondent ou se régularisent. C'est le commencement de l'ère nationale de la France. Dans ce progrès général des esprits elle tient, sans contestation, la première place. Le pas immense fait par la société politique, sous le saint roi, fut la principale cause de cette suprématie intellectuelle et morale. L'ordre et la justice qui régnaient à Paris contribuèrent puissamment à y retenir les savants étrangers, qui, attirés par la réputation de nos universités et la science de nos professeurs, vinrent y puiser et y verser leurs lumières. On accourait dans la capitale du royaume de France pour étudier la scolastique et la théologie, et prendre part à ces luttes solennelles, à ces débats interminables, hérissés de vaines subtilités et de latin barbare, qui tenaient en suspens l'Europe entière. Paris était une sorte de rendez-vous scientifique, où se rencontraient les hommes célèbres des contrées les plus reculées. Saint Thomas

d'Aquin et saint Bonaventure, ces deux astres du ciel d'Italie, qui ont laissé sur le monde chrétien un éblouissant sillon de lumière et de gloire, vinrent y étudier sous Albert le Grand, le flambeau de l'Allemagne ; l'Espagnol Raymond Lulle s'asseyait aux pieds de la chaire du moine anglais Roger Bacon, tandis que Brunetto Latini, le maître du Dante, suivait le cours du célèbre Duns Scott. Bien d'autres savants étrangers passaient à Paris une partie de leur existence et apprirent le français, qu'ils s'exerçaient à écrire comme un beau et savant langage ; mais, vers 1304, un personnage bien autrement célèbre dans le souvenir des hommes attire une foule de clercs et de laïques dans la salle de l'université (1) : il va soutenir une thèse *de quolibet* (sur tout ce qu'on voudra). « Le tenant, raconte Boccace (2), était un
» étranger, jeune encore, d'une physionomie
» haute et grave ; il y avait quatorze champions
» attaquants. Chacun présentait sa question avec
» tous les arguments que la science du temps
» pouvait fournir. Lorsque ces quatorze chevaliers scolastiques eurent passé, le tenant reproduisit lui-même toutes les questions ; puis
» il les reprit, et, avec une infinie variété d'arguments, terrassa chacun de ses quatorze adversaires. » Cet étranger qui débutait avec tant d'audace et de succès était le créateur de la poésie moderne, l'Homère du christianisme, l'im-

(1) Villemain, *Litt. du moyen âge*.
(2) *Vita di Danti Alighieri*, per Boccaccio.

mortel auteur de la *Divine Comédie*! Cependant ce qui attire en France tous les hommes éminents de l'Europe, ce n'est pas seulement l'éclat de l'université de Paris, le renom de la Sorbonne, la célébrité des trouvères, mais aussi l'état rassurant de la société politique et civile.

§ Ier. Société politique et civile. — 1° Progrès de la royauté; pouvoir presque absolu de Philippe IV; caractère de ce prince mal apprécié par quelques historiens. — États généraux, légistes. — Affaiblissement des nobles et du clergé; ces deux ordres regagnent une partie de leur influence sous les trois fils de Philippe le Bel, qui laissent le pouvoir royal dans un grand affaiblissement.

Grâce aux acquisitions successives de Louis le Gros, de Philippe-Auguste et de saint Louis, la royauté possédait déjà, à l'avénement de Philippe le Hardi, une force qui plaçait le roi au-dessus de toute espèce de rivalité. Elle avait encore, il est vrai, à combattre des adversaires nombreux et redoutables, la noblesse et le clergé; mais tout la poussait vers le despotisme. « Depuis la fin du XIIIe siècle jusqu'à nos jours, dit M. Guizot, toutes choses ont tendu en France vers le triomphe de la monarchie pure. » De l'autorité de Louis IX à celle de Philippe IV il n'y avait qu'un pas. Sous le petit-fils de saint Louis, le pouvoir royal devint un moment presque absolu, parce qu'il était le plus fort en fait; mais, après lui, il entra dans une période de revers et de déchirements dont les plus laborieux efforts eurent peine à le relever.

Cet éclair de puissance qui, après avoir brillé

quelques instants, ne devait reparaître que deux siècles plus tard, mérite d'être étudié avec soin. Philippe IV a été dépeint en général sous des couleurs trop sombres. S'il eut certains défauts d'un méchant homme, il possédait, en revanche, les rares qualités dont la réunion constitue un habile politique et un grand roi. Ses fautes et ses erreurs sont plutôt celles de son temps et de son éducation que les conséquences d'une nature vicieuse et perverse.

Monté sur le trône à l'âge de dix-sept ans, il se montra d'abord fier de sa beauté autant que de son rang. Il était, en effet, disent les chroniqueurs, le plus beau gentilhomme de ses états; il en fut le moins délicat et le plus prodigue. Son insatiable cupidité, qui l'a fait placer par Dante dans le purgatoire (1), lui a valu le surnom trop mérité de *faux monnayeur*. Le besoin d'argent semble être la plaie de ce règne ; pour en avoir, il tourmente les Juifs et les Lombards, tyrannise ses sujets, augmente la taxe royale sur les amortissements, sur les acquisitions d'immeubles par les églises, dépouille les Templiers et falsifie à chaque instant les monnaies. « Dans » le volume dans lequel sont écrits toutes les » turpitudes des rois, on verra la douleur qu'excite sur la Seine, en falsifiant la monnaie, celui qui mourra blessé par un sanglier (2). » Sa querelle avec Boniface, la brutalité impé-

---

(1) Chant XX.
(2) DANTE, *Paradis*, chant XIX (trad. Brizeux).

rieuse de sa conduite envers le Souverain Pontife, la haine dont il le poursuivit, même après sa mort, indignèrent ses contemporains, dont le grand *distributeur de renommées* se fit le vigoureux écho.

Vivement impressionnés par ces allures hautaines, ces mesures violentes et ces tendances tyranniques, certains historiens ont représenté Philippe IV comme un despote égoïste, ignorant et orgueilleux, sacrifiant tout à sa vanité et à ses caprices. Ils semblent ne pouvoir trouver d'expressions assez méprisantes pour avilir et rabaisser l'*odieuse figure* du petit-fils de saint Louis. Et pourtant aucun règne n'a produit peut-être des conséquences plus glorieuses et plus fécondes ; et, si ses successeurs avaient continué son œuvre avec autant d'énergie et d'habileté, la France n'aurait pas eu à traverser deux siècles de luttes, de douleur et d'abaissement.

De son vivant on semblait déjà pressentir la supériorité de cette nature exceptionnelle, « qui » surmontait de grandeur tout le pueuble, de » tout le col et de la teste (1). » Le haineux Gibelin, subissant malgré lui l'influence de son propre génie, le compare à un géant auquel rien ne saurait résister. « Et, comme pour empêcher » qu'on la lui enlevât (l'Eglise), je vis un géant » debout auprès d'elle (2). »

---

(1) *Supplication du pueuble de France au roy contre Boniface.*

(2) Dante, *Purg.*, ch. XXII.

On ne sait pas au juste quelle part il prit aux événements de son règne, et pourtant il ne se fait rien de bien ou de mal sans qu'il y soit en personne. On le voit parcourir sans cesse le royaume, saisissant avec une rare sagacité toutes les occasions d'étendre et de régulariser sa puissance. Batailles, traités, contestations, il est toujours le premier sur la brèche, chaque fois qu'il s'agit des intérêts de la couronne (1).

Grâce à son habile perspicacité, il sait tirer des plus minces événements les conséquences les plus avantageuses. Jamais aucun de ses prédécesseurs ne s'était montré aussi actif, aussi vigilant. Trois cent cinquante-quatre ordonnances rendues en son nom prouvent à quel point son intervention dans les affaires était minutieuse, et ce qu'il y a de remarquable et de vraiment nouveau alors, c'est que presque toutes émanent du roi seul (2); il a su s'affranchir de cette aristocratie féodale qui enlevait à ses aïeux leur souveraineté et leur indépendance.

Fils d'une Espagnole, élevé par le dominicain Egidio, de la maison des Colonna, qui lui inculqua de bonne heure le droit illimité des rois, il était convaincu de sa toute-puissance. Il croyait de bonne foi en exercer un légitime attribut en modifiant la valeur intrinsèque des monnaies

---

(1) On sait que, sous son règne, Montpellier, Lyon, le Quercy, la Flandre française et la Navarre furent réunis à la France.

(2) Guizot, *Civ. en France*.

au gré de ses besoins et de ses désirs. S'il refuse d'accéder aux prétentions souveraines de Boniface VIII, c'est qu'il pense sincèrement qu'elles violent les droits de la royauté. Cette conviction profonde explique l'opiniâtreté de sa conduite, dont les violences impies doivent être imputées à ses émissaires. Enfin les nombreuses ordonnances somptuaires, au moyen desquelles il voulait arrêter les débordements du luxe et la ruine de ses sujets, prouvent l'attention scrupuleuse qu'il portait dans les moindres détails de son administration et les illusions qu'il se faisait sur les effets de sa puissance.

Inébranlable comme un roc de granit dans sa volonté despotique, il lutte pendant trente ans contre la féodalité, qui périt enfin sous ses coups. L'ordonnance de 1311, par laquelle il confirme l'affranchissement des serfs du Valois, accordé par son frère, est un long réquisitoire contre le servage et la tyrannie des seigneurs. Ce monarque absolu proclame la liberté et organise l'égalité de la justice!

Malgré ses erreurs et ses fautes, on ne peut donc méconnaître en lui un des principaux fondateurs de l'ordre civil et de la monarchie moderne.

Son habileté se déploie partout : aussi expérimenté dans les négociations que brave sur les champs de bataille, il prévoit les événements les plus éloignés. Nous le verrons, dans le cours de ce récit (1), préparer par une simple acqui-

(1) *Saint Roch*, chap. I, § 2.

sition la réunion de Montpellier à la couronne, amener insensiblement cette importante ville du Midi, tout espagnole encore, à secouer le joug des rois d'Aragon et de Mayorque pour se jeter dans les bras de la France; montrer en un mot, dans la conduite de cette délicate affaire, la prévoyante capacité du politique le plus consommé (1).

En créant la bourgeoisie royale, en protégeant les légistes et choisissant toujours parmi ces bourgeois parvenus les agents de son pouvoir central, il comprenait que cette nouvelle classe, séparée des autres, deviendrait bientôt entre ses mains un instrument aussi fort que docile contre ses deux seuls adversaires, la noblesse et le clergé (2). L'institution d'un parlement sédentaire à Paris achève de concentrer dans ses mains toutes les forces du gouvernement; enfin la convocation des Etats des trois ordres du Midi et du Nord ouvre l'ère nationale

---

(1) On peut lire aussi, comme spécimen de l'habileté de Philippe le Bel, les *Études historiques sur les comtes de Melgueil* (A. GERMAIN).

(2) La vanité des seigneurs leur empêcha de voir la portée d'une innovation capitale, la création de nouveaux pairs, nommés par le descendant des ducs de France, « de l'abondance et de la plénitude de son autorité » royale. » Désormais cette autorité avait fait un pas immense : les pairs n'étaient plus des égaux, mais des sujets plus immédiatement attachés au souverain ; la pairie ne fut plus qu'une dignité, un honneur, et non un droit !

de la France, solennellement inaugurée à Notre-Dame, le 10 avril 1302.

Il y a plus, ce roi *barbare et ignorant*, comme des historiens sérieux n'ont pas craint de le qualifier, a donné l'impulsion au mouvement intellectuel qui caractérise la fin du XIIIe siècle. L'insouciant Philippe III avait laissé tomber l'étude des lettres dans l'oubli le plus complet. Son fils les remet en crédit et en honneur. Il attire à Paris et accueille avec empressement les savants français et étrangers, les comble de faveurs de toute espèce, réunit dans des dépôts publics les manuscrits les plus précieux, fait traduire les ouvrages scientifiques et les œuvres des grands poëtes de l'antiquité, fonde enfin des écoles où l'on enseigne même les langues orientales, jusqu'alors complétement inconnues en Europe. Ses courtisans, entraînés par son exemple, rendent hommage au talent et à la science : des princes, des prélats, la reine elle-même, établissent de nombreux colléges, et l'on voit bientôt s'élever une nouvelle génération d'hommes instruits et d'écrivains distingués (1). Des tendances si généreuses et de pareils résultats doivent sans nul doute faire oublier les défauts et les vices de l'homme. Les immenses services que Philippe le Bel a rendus à la France et à la civilisation le placent au niveau des plus grands rois dont s'honore l'humanité.

---

(1) Daunou, *Discours sur l'état des sciences et des lettres au XIIIe siècle.*

Malheureusement ses trois fils n'eurent pas assez d'énergie et de talent pour consolider l'édifice élevé avec tant de soin et de persévérance par leur père. Sous les règnes de Louis X, de Philippe V et de Charles IV, une vive lutte s'engagea entre la noblesse et la royauté ; les seigneurs et les barons protestèrent énergiquement contre l'extension illimitée du pouvoir royal ; mais ils ne surent pas s'entendre et s'organiser. Leurs réclamations et leurs résistances furent isolées et égoïstes ; ils agirent par province, par individu. Malgré ce défaut capital, ils arrachèrent à la faiblesse des successeurs de Philippe IV d'incessantes concessions. Chaque jour une nouvelle blessure affaiblissait la puissance souveraine et donnait à ses adversaires plus d'arrogance et de hardiesse. De nombreuses ordonnances vinrent successivement rendre au clergé et à la noblesse des priviléges dont la suppression avait coûté tant de génie et d'efforts, et détruire pièce à pièce la formidable armure de la royauté. L'œuvre de Philippe IV sembla un instant anéantie ; l'extinction de cette brillante race des Capétiens, au moment même où elle paraissait assurée d'un long avenir, jeta la consternation dans les esprits. Le peuple superstitieux et crédule vit, dans la mort de Philippe et de ses fils, frappés tous les quatre dans la force de l'âge et sans postérité, la main de Dieu vengeant les outrages faits à son vicaire et réalisant les malédictions de Boniface. Le pouvoir royal sortit bien affaibli de la lutte opiniâtre qu'il avait eu à soutenir contre la noblesse et le clergé; triste prélude de plus rudes, de plus longs et de plus sanglants revers.

2° Décadence des communes. — Avènement du tiers état.

Si l'aristocratie française parut, après la mort de Philippe le Bel, reconquérir son indépendance, il n'en fut pas ainsi pour les communes : nulle part elles ne disparurent avec autant de rapidité. Depuis longtemps déjà la concentration des pouvoirs féodaux entre les mains de quelques possesseurs de grands fiefs obligeait les bourgeois, et quelquefois même les seigneurs, à demander du secours à un suzerain plus puissant encore, ce qui amenait très-fréquemment l'intervention du roi dans ces sortes d'affaires. Le génie de Philippe lui avait fait pressentir tout le parti qu'il pouvait tirer de ce nouveau moyen d'agrandissement, l'une des plus heureuses conséquences des croisades. Il en usa largement, et ses fils suivirent, en cela du moins, la voie qu'il leur avait tracée. Aussi voit-on disparaître, sous leurs règnes, une foule de communes, et celles qui se soutiennent encore portent dans leur sein les symptômes de leur prochaine ruine. Nous en trouverons un remarquable exemple dans les destinées de la patrie de saint Roch.

« C'est donc bien évidemment à cette époque,
» s'écrie M. Guizot, vers la fin du XIIIe et au
» commencement du XIVe siècle, qu'éclate la
» décadence des communes proprement dites,

» de ces petites républiques locales qui s'admi-
» nistraient elles-mêmes sous le patronage d'un
» seigneur. »

Il ne faudrait pas croire cependant que l'élément démocratique vît pour cela diminuer son influence. Tandis que les associations communales abdiquaient leur indépendance en faveur de la royauté, une classe à part, encore éparse et inaperçue, mais formée de la majorité de la population, acquérait chaque jour une plus grande importance. Cette portion de la société, qui devait finir par absorber la nation entière, se composait de tous les individus libres n'appartenant ni à la noblesse, ni au clergé. On sait avec quelle instinctive et prévoyante sagacité Philippe le Bel sut les attirer à lui et mettre ainsi sous sa main un nombre considérable d'hommes dévoués et instruits, qui, vivement intéressés à la chute du pouvoir féodal, travaillèrent, avec une ardeur infatigable, aux progrès de la royauté. La lutte fut longue et violente; jusqu'à Philippe de Valois ce ne fut qu'un perpétuel combat à mort entre le légiste et le baron. Bien des iniquités furent commises, mais il en résulta d'inappréciables avantages pour notre pays : l'indépendante souveraineté de l'autorité judiciaire et l'abolition des pouvoirs ecclésiastique et féodal, remplacés, en définitive, par ce que nous appelons aujourd'hui le pouvoir public (1).

(1) Guizot, *Civ. en France; passim.*

§ II. Société religieuse. — Relations des autorités civile et religieuse. — La monarchie universelle de l'Église disparaît avec Boniface VIII et Clément V. — Relâchement des croyances.

C'est en France surtout que se réglèrent les relations de l'autorité civile et de l'autorité religieuse. L'interminable lutte de Philippe IV et de Boniface VIII, et les conditions que le roi de France imposa au docile Bertrand de Goth, depuis Clément V, ont éclairci des points de discipline contestés entre les papes et les rois, et donné naissance aux libertés de l'Église gallicane.

Depuis Innocent III, ce type par excellence du vicaire de Jésus-Christ, champion de la liberté de l'Église et protecteur universel des peuples, et Grégoire IX, ce zélé et énergique ami de la science et de la religion, la papauté avait bien dégénéré. Elle avait perdu, en partie, son influence dans cette noble guerre de l'Église contre l'oppression laïque. Cependant, à la fin du XIII° siècle, le souverain pontife apparaissait encore comme l'arbitre de l'univers. Boniface VIII avait été appelé à juger entre la France et l'Angleterre, l'Angleterre et l'Écosse, Naples et l'Aragon, Adolphe de Nassau et Albert d'Autriche. L'ambitieux cardinal Gaëtani, imbu des fausses maximes de son temps, les porta, dans le fait, plus loin qu'aucun de ses prédécesseurs. Il se regardait de bonne foi comme le maître du monde, le monarque universel et absolu

de la chrétienté. Il se disait « établi par Dieu
» sur les rois et les royaumes, pour les juger
» avec majesté du haut de son trône. » Malheureusement son génie n'était pas à la hauteur du
rôle qu'il se croyait loyalement appelé à jouer.
Il y fut entraîné par la hardiesse de son caractère et l'inflexibilité de ses convictions. Il ne
sut pas se préserver d'un aveuglement inhérent
à la faiblesse de notre nature. La grandeur
même de sa puissance le maintint dans d'aussi
dangereuses illusions, et le genre humain tombant à ses pieds, au jubilé de 1300, acheva de
le fasciner. Il parut, au milieu de cette multitude de toutes nations, avec les insignes impériaux, et fit porter devant lui l'épée et le
sceptre sur la boule terrestre, tandis qu'un
héraut allait criant : « Il y a ici deux épées:
» Pierre, tu vois ici ton successeur; et vous,
» ô Christ! regardez votre vicaire, » faisant
ainsi allusion aux deux puissances figurées par
les deux glaives dont il est parlé dans l'Évangile (1). Tout pliait, s'inclinait, se prosternait
devant cette auguste majesté, prestigieux reflet
de la puissance divine. Un seul homme osa résister et se poser debout en face de la papauté.

(1) Il développa plus clairement cette maxime dans
la bulle *Unam sanctam* (1303) : « L'Église est une,
» y dit Boniface, mais elle a deux glaives : l'un spi-
» rituel, l'autre temporel. Le premier est tenu par
» l'Église et la main des prêtres ; le second, pour l'É-
» glise et par la main des rois, mais selon la volonté
» du pontife. »

Cet homme, qui se considérait, à juste titre, comme le plus grand roi du monde, n'était pas d'humeur à laisser violer ainsi ses droits les plus sacrés, à souffrir qu'un étranger prétendît s'immiscer en souverain dans les affaires de son royaume. Un Colonna lui avait insinué de bonne heure le pouvoir illimité des rois et la haine des papes. Son caractère hautain, impérieux et inflexible, s'irritait par les obstacles, n'admettait aucune concession, aucun accommodement avec sa volonté de fer; inébranlable dans ses orgueilleuses convictions, il écrasait, sans pitié ni remords, tout ce qui venait s'opposer à ses projets. Lorsque le saint pontife lui dit, d'un ton doucereux, dans sa bulle *Ausculta, fili :* « Dieu » nous a constitué, quoique indigne, au-dessus » des rois et des royaumes, » il lui répond, avec une sauvage fierté : « Le gouvernement temporel » appartient aux rois, et ils sont au-dessus de » tous les pouvoirs vivants (1). »

Quand de pareils adversaires sont en présence, la guerre n'est pas douteuse. Qui doit succomber, Philippe le Bel ou Boniface ?

On connaît les détails de cette lutte solennelle, un des plus grands événements du XIIIe siècle, si fatal à la papauté. Le roi de France l'emporta. Ce féroce géant, dit le Dante, s'empara du char de l'Eglise, pour ne plus le lâcher, après en avoir précipité le sacré conducteur. Le

---

(1) *Preuves du différend de Philippe le Bel et de Boniface VIII*, p. 28.

respectable vieillard, sanctifié par l'outrage, se montra aussi digne, aussi noble, aussi héroïque dans le malheur qu'il avait été fier, vain et dédaigneux dans la prospérité. Insulté de la manière la plus vile et la plus infâme, sa fermeté et sa grandeur imposèrent même à ses ennemis. « Trahi comme Jésus, s'écriait-il à leur approche, je mourrai, mais je mourrai pape! » Et, s'enveloppant dans le manteau de saint Pierre, il ne répondit aux abominables outrages de ses persécuteurs que par la plus sublime résignation. Mais le coup était porté, et la conduite impie de Philippe n'en produisit pas moins le résultat qu'il désirait : la puissance pontificale était abattue; le roi de France avait vaincu le *souverain du monde;* il pouvait désormais disposer à son gré de la tiare. Pour plus de sûreté, il fit transporter le Saint-Siége à Avignon, et prépara, par cette *captivité de Babylone*, le schisme qui devait déchirer l'Église pendant de longues et douloureuses années.

Avec Boniface VIII la puissance temporelle théocratique a terminé sa mission. Le dernier des grands papes du moyen âge *périt victime de cette mystérieuse monarchie spirituelle qui gouverna l'humanité pendant trois cents ans* (1), et fut le guide et la cause de tous ces progrès. La servilité de Clément V et la destruction de l'ordre des Templiers viendront porter le dernier coup à cette souveraineté universelle de l'Église, clé

---

(1) Th. Lavallée, *Histoire des Français.*

de voûte de la féodalité, contre laquelle s'acharnaient depuis longtemps déjà les légistes, avides de bâtir sur ses débris le pouvoir judiciaire et de mettre la loi à la place de la foi dans le monde chrétien.

Mais l'œuvre de Grégoire VII ne périt pas tout entière; la parole divine qui consacra le pouvoir spirituel de saint Pierre a institué la papauté sur des bases inébranlables. Elle a déposé dans son sein un principe de vie contre lequel viendront inutilement se briser toutes les causes de destruction et de ruine, et qui le fera surnager au milieu des vicissitudes et des révolutions du genre humain, jusqu'à la consommation des siècles.

Malgré l'abaissement dans lequel le St-Siége est parfois tombé, les peuples n'ont cessé de lui témoigner une inaltérable et respectueuse obéissance.

De nos jours encore, le monde est une immense république chrétienne, une confédération universelle d'individus unis par la foi et les lumières. Il s'incline toujours avec joie et amour sous la main vénérable du pontife éminent qui le dirige, avec tant de sollicitude, de supériorité et d'abnégation, dans la voie de la civilisation et du salut.

Mais revenons au XIIIe siècle. La sanglante victoire du roi de France sur la papauté, dont l'écho retentit dans toute la chrétienté, exerça une désastreuse influence sur les croyances religieuses. Déjà le doute s'était glissé dans les âmes; saint Louis lui-même en était troublé, dit son inimitable historiographe. C'était bien autre chose encore sous Philippe IV! Cette foule de poëmes et de romans de chevalerie, qui se multipliaient chaque jour, abordait avec une hardiesse inouïe les sujets les plus sacrés. Les prêtres et les moines faisaient l'objet des aventures les plus scandaleuses. Les sarcasmes et les railleries des *trouveurs* (1) s'attaquaient surtout aux gens d'Église, et le pape, représenté par le renard qu'on retrouve partout au moyen âge, était flagellé avec une liberté et un cynisme qui ne seraient pas supportés de nos jours. Le tailleur de pierre et le sculpteur les poursuivaient de leurs audacieuses et mordantes ironies, jusque dans leur propre demeure : sur le portail des églises et sur les chapiteaux des cloîtres. Il est singulier, dit à ce propos M. Villemain, de voir la témérité avec laquelle, dans ces temps que notre imagination se figure si soumis et si respectueux, non-seulement les abus, mais quelquefois les choses saintes, sont tournés en dérision ; et non pas seulement à force de naïveté, comme on le suppose, mais quelquefois avec une malice profonde, qui ferait honneur ou peur à des temps plus cultivés.

Ces premières apparitions du scepticisme sensualiste et railleur furent, sans nul doute, encouragées par la conduite du roi de France vis-à-vis du pape. L'autorité pontificale perdit,

(1) *Troubaïres* : trouvaires dans le Nord, troubadours dans le Midi.

pour quelque temps du moins, cette auréole divine qui l'avait placée jusqu'alors hors des atteintes de l'humanité. Cependant le venin du doute et de l'irréligion n'avait pas encore pénétré au cœur de la société, l'héritage de la foi s'était conservé intact dans les masses. L'amour, cette poésie incarnée du moyen âge, ce puissant levier des âmes généreuses et ardentes, enfantait chaque jour de nouveaux prodiges. Les vrais artistes (1) du XIII° siècle, les mendiants, avaient détrôné les dialecticiens de l'université, dont les vaines subtilités et les stériles chicanes n'excitaient déjà plus d'intérêt. Les glorieux enfants de saint Dominique et de saint François communiquaient aux populations confiantes et crédules ce mysticisme exalté qui fit traiter de fou le sublime paysan d'Assise. Ils parlaient de l'amour, et au nom de l'amour, dans une société où ce sentiment, même à l'égard des choses profanes, loin d'être regardé comme une faiblesse, était au contraire une vertu nécessaire (2). Lui seul, croyait-on, faisait entreprendre de grandes choses (3). L'enthousiasme était à son

(1) *Ars,* en latin, est le contraire d'*inertia,* de l'inaction.

(2) Dans l'office propre de saint Roch, tiré du bréviaire de Sleswig, tous les répons des antiennes sont : *Amavit.*

(3) Sans aimer nul ne peut à grand honneur venir,
Si doist estre amoureux qui grant veult devenir.

Voilà la morale que prêchaient les poëtes et les romanciers du XIII° siècle.

(LEGRAND D'AUSSY, *Fabliaux.* Notes.)

comble : non-seulement les couvents se peuplaient et se multipliaient avec une surprenante rapidité, mais encore une foule d'hommes et de femmes, retenus dans la société par leur position et leurs devoirs, participaient à cette vie de prières et de sacrifices en se faisant affilier dans les tiers ordres (1).

L'amour de Dieu et du prochain allait jusqu'au délire. La pauvreté, « cette femme à qui personne » n'ouvre la porte avec plaisir (2), » était l'idéal des frères mineurs, prêcheurs, carmes, augustins, etc..... Les croisades, les pèlerinages, les conquêtes religieuses ne suffisaient plus à calmer cette soif de dévouement et d'abnégation. La charité était devenue une passion dominante, absorbant toutes les autres et les soumettant à son empire.

L'auteur de la *Légende dorée,* Jacques de Voragine, semble même placer cette vertu au-dessus de la foi. Il raconte qu'un saint, après s'être dépouillé en faveur des pauvres, même de sa chemise, leur donna enfin son Évangile.

Voilà les héroïques sentiments qui agitaient la multitude, voilà les formidables barrières qui retarderont les envahissements successifs du scepticisme, le puissant bouclier qui protégera la société religieuse contre les traits aigus et incessants de l'ironie et du doute ! De longtemps encore l'*esprit nouveau* n'osera pas se montrer en

---

(1) Saint Louis, sa mère, Dante, saint Roch, etc., étaient affiliés au tiers ordre de St-François.

(2) DANTE, *Divina Comedia.*

plein soleil, armé de toutes pièces, et défier le monde ; mais le germe fatal est semé, et, après bien des efforts sourds, lents et opiniâtres, il produira, à des intervalles éloignés, Luther et Voltaire, le protestantisme et la philosophie du XVIIIe siècle (1).

§ III. Productions de l'esprit. — Activité prodigieuse ; grand nombre de poëtes. — L'idiome vulgaire se développe et s'étend. — Fondation d'universités et de colléges. — Raymond Lulle.

Nous avons déjà signalé le rôle important joué par la France, dans ce mouvement intellectuel qui déborde à la fin du XIIIe siècle ; nous l'avons montrée à la tête des autres nations, dans cette marche progressive de l'humanité, portant fièrement le drapeau de la science et de la civilisation.

Au commencement de ce siècle, non-seulement les laïques croupissaient dans une incroyable ignorance, mais le clergé lui-même avait perdu ces traditions glorieuses que les Bénédictins lui avaient léguées. L'instruction et même la fausse science demeuraient concentrées dans un petit nombre d'hommes, qui finirent par ne plus être entendus de la multitude. Il en résulta un nouveau langage, connu d'abord

(1) Il est bien entendu que nous ne prétendons pas nier, et encore moins blâmer, les nombreuses libertés dont cet *esprit* nous a indirectement dotés ; nous ne le considérons ici que dans son abus et ses erreurs, malheureusement si exagérées.

sous le nom de langue vulgaire, et qui, se modifiant successivement en roman du Midi et roman du Nord, finit par se fondre en un seul, la langue française. Sous Philippe le Bel seulement, notre prose et notre poésie commencent à prendre un caractère national; la locution *un bon Français* date de cette époque.

Déjà, en 1215, Innocent III avait établi un maître de grammaire dans chaque cathédrale, et plusieurs autres professeurs dans les églises métropolitaines; et pourtant, en 1293, un évêque d'Angers, considérant que la plupart des prêtres sont illettrés (*illitterati*), déclare qu'il n'ordonnera plus personne qui n'ait quelque teinture de grammaire (1).

Dans cet intervalle de quatre-vingts années, la littérature profane avait fait de gigantesques efforts. Le XIIIe siècle offre une quantité de vers français décuple au moins de celle que le XIIe avait laissée. La multitude et la fécondité des poëtes français d'une part, dit M. Daunou (2), et des écrivains scolastiques de l'autre, sont un signe manifeste du mouvement qui agitait les esprits, du besoin vivement senti de s'instruire. Cette activité insatiable, que les études et les travaux littéraires n'avaient jamais eue encore, fut rapidement communiquée aux autres nations, qui reconnurent, sans arrière-pensée,

---

(1) *Histoire littéraire des Bénédictins*, t. XVI. — *Discours sur l'état des lettres au XIIIe siècle*, par Daunou.
(2) *Idem.*

cette suprématie intellectuelle de la France, en venant à Paris y chercher les lumières nouvelles (1).

La poésie, fêtée dans les cours, aimée du peuple, accueillie pieusement dans les cloîtres, était l'âme de ces temps, dont elle offre la plus vive image. Les troubadours, les trouvères et les pèlerins la répandaient dans toute l'Europe et même en Orient. En propageant les récits chevaleresques des conteurs français, ils en faisaient connaître le beau et savant langage, et préparaient l'empire universel de notre idiome moderne.

Déjà, en 1266, un Italien, Brunetto Latini, écrivait en français un ouvrage de philosophie (2), et *se aucun demandoit pouquoi chés livres est écrit en romans, pour chou que nous sommes Italien, je diroie que ch'est pour chou que nous sommes en France et pour chou que la parleure en est plus delitable et plus commune à toutes gens.* Ce mouvement littéraire, qui fait de la fin du XIIIe siècle une des époques mémorables de l'esprit humain, était dû, en grande partie, à la protection éclairée qu'accordèrent aux lettres les papes et les rois. Saint Louis et Innocent III s'étaient appliqués à propager l'instruction dans toutes les classes de la société. Par les nombreux priviléges dont ils comblèrent les hommes lettrés et instruits, par les chaires et les colléges

---

(1) Voir l'Introduction.
(2) Le *Trésor*.

qu'ils établirent, ils tournèrent les esprits vers les travaux de l'intelligence, et y déposèrent le germe de ces rapides progrès. Les Dominicains et les Franciscains vinrent ensuite apporter leur énergique concours à cette œuvre de régénération morale, et Philippe IV en activa le développement par les fondations scientifiques et littéraires dont il dota la France, et par l'empressement avec lequel il y attira les savants de tous les pays. Nos cinq principales universités, Paris, Toulouse, Montpellier, Orléans et Avignon, datent de cette période, du moins quant à la réunion complète des quatre Facultés de droit canon et civil, de médecine et des arts. Enfin un homme qui se rattache d'autant plus à notre sujet qu'il illumina du reflet de sa gloire la commune de Montpellier, où il a passé une grande partie de sa vie, contribua puissamment à la propagation de l'instruction commune. Pendant une laborieuse existence de quatre-vingts années, partagée entre les travaux de l'intelligence et les courses évangéliques, Raymond Lulle ne composa pas moins de trois cent vingt-un traités, sans compter les apocryphes. Il obtint de Philippe le Bel la fondation de plusieurs colléges, pour l'étude des langues orientales, et de diverses chaires où il enseignait sa méthode philosophique, devenue depuis si fameuse.

§ IV. Arts. — 1° Archicture: apparition de l'art dit gothique

Des divers points de vue sous lesquels peut être envisagé le moyen âge, celui qui a été le plus étudié, le plus connu, le plus célébré, dans ces derniers temps, est sans contredit le point de vue artistique et en particulier architectural. Personne n'ignore cette puissance de génie de l'art chrétien, qui, suivant la belle expression de M. Villemain, à une époque où la pensée était encore enveloppée et trouvait à peine des formes de langage, *bâtissait des idées avec des pierres, et faisait, si on peut ainsi parler, des poëmes épiques avec des cathédrales.* C'est que la pensée catholique avait agrandi les idées et démesurément éloigné l'horizon. Ces temples magnifiques, élevés par la foi, devaient représenter sur la terre une image de la céleste patrie. L'Église, comme le dit un historien peu suspect en pareille matière (1), est alors l'intelligence de l'homme, sa vie et son repos, le véritable domicile du peuple. La maison de l'homme, cette misérable masure où il revenait triste et découragé le soir, n'était qu'un abri momentané ; il n'y avait qu'une maison, à vrai dire, la Maison de Dieu ! La vie sociale s'y était réfugiée tout entière.

Pourrait-on s'étonner, après cela, de ces gigantesques basiliques que le moyen âge a semées sur son passage, et qui font l'étonnement et l'ad-

---

(1) M. Michelet.

miration de notre siècle d'industrie et de progrès. La religion était alors l'existence du peuple; le culte de Dieu, l'occupation de presque tous ses instants; la gloire du souverain Maître, le but de ses principales actions. Les plus remarquables édifices religieux, dont les colossales proportions semblent défier l'intelligence humaine, ont été élevés ou tout au moins terminés dans les dernières années du XIIIe siècle (1). Jamais on ne bâtit autant d'églises et on ne les décora avec plus de magnificence. Jusqu'alors, le style lourd et sévère du genre roman avait régné dans les cloîtres et les monastères, il se perpétua dans les tours massives et crénelées des seigneurs féodaux; mais l'architecture ogivale, improprement appelée gothique, dont la majestueuse splendeur répondait si bien aux goûts et aux aspirations du catholicisme, fut employée désormais dans les monuments ecclésiastiques. Voûtes hardies, nervures légères, ogives allongées, gracieuses colonnettes, fines dentelures, chapiteaux et gargouilles fantastiques, flèches élancées, se croisant et se multipliant à l'infini, présentaient à l'œil étonné un magique spectacle, dont l'ensemble grandiose et prestigieux invitait l'âme à la rêverie et à la prière.

(1) Notre-Dame de Paris (1260), Ste-Chapelle (1270), Ste-Trophime à Arles; cathédrales d'Amiens (1288), de Reims (1231), de Beauvais (1277), de Chartres (1260), de Bourges (1315).

2° Sculptures : statues, ornements; orfévrerie, monnaies.

Une révolution analogue se produisit dans la sculpture: jusqu'après les croisades, une lourde et inélégante simplicité caractérisait seule la décoration des édifices; les tombeaux des rois de France qui ont précédé Louis IX se composaient d'une simple auge de pierre, sans aucune espèce d'ornementation. Sous Philippe IV, les statues et les bas-reliefs semblèrent faire irruption jusque dans l'intérieur des maisons bourgeoises. Le peuple, qui ne savait pas écrire sur le papier, trouva dans cet art nouveau un moyen d'exprimer ses idées en caractères ineffaçables; les ouvriers sculpteurs furent les imprimeurs du moyen âge. Jamais, dans aucun temps, dans aucun pays, dit un juge expert en cette matière (1), l'art de la sculpture n'avait été plus employé dans les monuments. Ce fut une ardeur, une passion, une folie; on ne voyait partout qu'ornements bizarres, personnages symboliques et mythologiques, animaux réels et fantastiques, scènes religieuses, guerrières, parfois même érotiques ou licencieuses, reproduites sur les moindres édifices. Toutefois il ne faut pas demander à ces ébauches naïves autre chose qu'une reproduction exacte et matérielle de leurs modèles. Les artistes du XIII° siècle, qui ne connaissaient pas les chefs-

---

(1) M. AMAURY DUVAL, *Discours sur l'état des beaux-arts en France au XIII° siècle.* — *Hist. litt. des Bénédictins*, t. XVI.

d'œuvre de la Grèce et de Rome, copiaient servilement les formes extérieures, les costumes, les instruments, tout, jusqu'aux moindres détails. Leurs statues ont des attitudes froides, gauches et disgracieuses : c'est l'imitation fidèle de la nature, mais d'une nature basse et commune. Le caractère saillant des œuvres de cette époque consiste surtout dans une certaine raideur du bois et de la pierre, qu'ils n'ont pas su dissimuler. Ces humbles *maîtres de pierre* ne s'imaginaient même pas qu'on pût rendre avec des matières inertes le mouvement, l'âme et la vie! Peut-être exprimaient-ils ainsi à leur insu cette maigreur ascétique, née du catholicisme, qui était en quelque sorte le résultat du mépris de la chair et des macérations imposées au corps. La chair, longtemps comprimée, prendra un jour sa revanche avec les musculatures exagérées de Michel-Ange et les formes luxuriantes de Rubens. Cependant dans les bas-reliefs, œuvres de fantaisie et d'imagination, qu'ils faisaient sans modèles, on sent du mouvement, de la verve et de la chaleur, parfois même le sentiment et la recherche de l'expression.

L'orfévrerie se ressentit surtout de l'impulsion donnée à l'ornementation des édifices; désormais les vases sacrés et les châsses des saints furent fabriqués avec les plus riches métaux et couverts de bas-reliefs, d'ornements et de pierres précieuses.

La gravure sur monnaie suivit aussi les progrès de la sculpture. On représenta sur le cuivre et le bronze des sujets allégoriques, destinés à éterniser les événements les plus remarquables. En 1289, Philippe le Bel fit graver, sur ses pièces de mauvais aloi, la pieuse légende : *Sit nomen Domini benedictum !*

3° Peinture : vitraux et manuscrits.

La peinture marcha toujours de front avec la sculpture. Cimabué et Giotto commencèrent la Renaissance à la fin du XIIIe siècle ; Jean de Modène inventa la peinture à l'huile, qui devait se perdre après lui pour renaître encore. Mais les mille ornementations du genre gothique rendaient impossibles les grandes fresques dont on recouvrait les larges murailles romanes. Il fallut les remplacer par de lourdes tapisseries, tendues seulement dans les solennités religieuses ou politiques. Les artistes *ymagiers* se réfugièrent dans la miniature sur manuscrits et la peinture sur verre, qui prirent dès lors une importance considérable. On représenta sur des vitraux aux mille couleurs les faits mémorables de l'histoire ecclésiastique et les scènes de la vie féodale. Des drames entiers, de véritables poëmes épiques, se déroulaient sur les hautes et longues fenêtres des cathédrales, et ne laissaient pénétrer les rayons du soleil qu'à travers le prisme de leurs éblouissantes fantaisies.

L'enluminure, cet art de patience et d'imagination, prouve quels soins on apportait, malgré la grossièreté du temps, aux choses de l'esprit.

Le moindre manuscrit, parsemé de dessins, de vignettes, de culs-de-lampe et d'ornements souvent fantastiques, coûtait plusieurs années d'un travail assidu. La vie d'un de ces persévérants artistes n'a quelquefois pas suffi pour illustrer un bel ouvrage sur parchemin, un livre d'heures, une bible ou un roman de chevalerie. Et pourtant quelle énorme quantité de manuscrits ainsi illustrés le XIIIe siècle ne nous a-t-il pas laissée !

4° *Art dramatique :* première pièce complète en langue vulgaire ; origine du théâtre français.

C'est encore au règne de Philippe le Bel qu'il faut rapporter la rénovation de l'art dramatique en Europe. Jusqu'à Louis IX, on avait vu des pèlerins, pour exciter la charité du peuple, représenter les mystères de la religion, les martyrs, les miracles des saints, les aventures les plus remarquables arrivées aux croisés (1). Depuis le milieu du XIIIe siècle, on donnait des spectacles dans les rues toutes les fois qu'il survenait quelque solennité, un mariage royal, la visite d'un prince, etc. Déjà le goût des représentations religieuses avait inspiré de nombreux essais de représentations dramatiques ; mais on n'a joué, pour la première fois, en Europe, une pièce complète, en langue vulgaire, qu'en 1313, lorsque Philippe IV arma ses fils

(1) Hippolyte Lucas, *Hist. philosophique et littéraire du théâtre français.*

chevaliers. L'analyse détaillée de ce *grand mystère*, la plus ancienne d'un drame moderne, en langue romane, dit M. Villemain, se trouve dans une vieille chronique versifiée, de cette époque, par Godefroy de Paris.

Ce naïf et intéressant compte rendu d'un contemporain, que nous regrettons de ne pouvoir citer ici tout au long, a une grande valeur historique et littéraire ; c'est le point de départ le plus éloigné, la première origine appréciable du théâtre français.

5° Musique : chansons, hymnes, contrepoints.

Tout marche de front dans les progrès de l'humanité ; qu'elle fasse un pas en avant, et aussitôt chaque branche de l'existence intellectuelle obéit à cette puissante impulsion. A la fin du XIII° siècle, la musique, subissant l'influence générale, éprouva une révolution complète, *qui lui imposa des lois nouvelles, lui imprima un autre caractère, et qui établit pour toujours une ligne de démarcation sensible entre la musique des anciens et celle des modernes* (1).

Jusqu'à saint Louis, cet art avait été cultivé seulement dans les monastères et dans les églises, et n'était encore qu'une informe et monotone psalmodie. Les troubadours et les trouvères, qui se multiplièrent tant pendant le cours du XIII° siècle, portèrent dans les cours, et même dans les plus simples châteaux, le goût

(1) A. Duval, déjà cité.

d'une musique plus variée, plus facile et plus rhythmique. Les chansons de toute espèce, lais, chansons de geste, sirventes, jeux-partis, etc., accompagnés le plus souvent d'un refrain, popularisèrent cette nouvelle méthode.

La musique religieuse participa à ces remarquables progrès ; l'art de composer à plusieurs parties, connu déjà depuis longtemps et repoussé par la routine et l'ignorance, fut enfin admis dans les chants d'église, sous le règne de Philippe le Bel. Un grand nombre d'hymnes, de proses, d'antiennes et de répons furent introduits dans les cérémonies catholiques. (L'office du Saint Sacrement fut reçu sous Urbain IV, en 1260.) On chanta des pièces en trois parties, dont la plus basse était appelée *tenor*, celle du milieu *motetus*, celle de dessus *triplex* (1). C'est là le berceau de ce qu'on appelle *contrepoint*, l'origine de notre système harmonique moderne (2).

En résumé, les arts de simple agrément aussi bien que les arts utiles, la langue, la science et les institutions, firent, pendant cette période, de féconds et immenses progrès. Et pourtant on ne peut se défendre d'une réflexion dont un grand nombre de documents viennent rendre témoignage : la magnificence et la somptuosité, exprimées par l'abondance et la richesse des ornements, étaient les seuls buts de ces artistes

---

(1) Duval.
(2) Leboeuf, *Traité historique du chant ecclésiastiq.*

incomplets. Ils pouvaient difficilement comprendre la grandeur et la beauté idéales, faute de ce discernement fin, délicat et exercé, le goût, la dernière chose qui s'acquière dans les arts, car il est le fruit d'une longue expérience.

§ V. Mœurs et coutumes. — Usages barbares laissés de côté; progrès de la civilisation. — Culte de Marie; immaculée Conception. — Influence de la femme chrétienne sur les mœurs. — Révolution dans les costumes. — Table. — Débordement du luxe. — Lois somptuaires.

Pour terminer cette étude, si nous jetons un rapide coup-d'œil sur les mœurs de notre patrie, sous les derniers Capétiens, nous y trouverons, jusque dans les plus minces détails, les marques de cette transformation dont nous avons déjà vu tant de preuves. Le droit de guerre enlevé aux seigneurs subalternes, les combats judiciaires remplacés par l'intervention directe des officiers du roi, qui y substituèrent la preuve écrite et celle par témoins, disparaissent peu à peu, entraînant avec eux dans l'oubli les coutumes les plus barbares. Les juridictions féodales, concentrées entre les mains du roi, d'où émane toute justice, garantissent le maintien d'une bonne police dans tout le royaume. Les communications, désormais à l'abri des brigandages et rendues plus faciles par des routes nombreuses qui sillonnent la France, s'établissent et se continuent sans danger. L'étude du droit romain introduite dans les écoles françaises; les *Établissements de saint Louis*, ce Code magnifique si mal jugé par Montesquieu ; l'ordonnance de Philippe le Hardi, sur les avocats, et surtout la création du Parlement sédentaire par Philippe le Bel, organisent un ordre judiciaire et donnent naissance à une magistrature instruite et éclairée, qui remplace définitivement les ignorants juges d'épée. Le servage n'existe plus, du moins dans son acception primitive. En 1296, Philippe IV donne la liberté à tous les serfs du Languedoc ; et, en 1315, son fils, Louis le Hutin, affranchit tous ceux de ses domaines.

Les manants et les bourgeois, appelés aux conseils des barons, jouant, par quelques-uns des leurs, légistes ou favoris, un rôle important dans la politique gouvernementale, et pouvant à l'avenir aspirer aux plus hautes charges de l'État, n'ont plus autant à souffrir de la hautaine rudesse des seigneurs.

D'un autre côté, le nombre des écrivains que la France produit pendant cette période, la publicité diverse que le chant et la parole donnent à leurs écrits, l'empressement curieux avec lequel les nobles, ennuyés au fond de leurs manoirs, se hâtent de les écouter et de les retenir, enfin la sécurité et l'aisance introduites par l'accroissement de la puissance royale, éveillent dans les esprits cette activité dont nous avons essayé de donner une idée, et qui porta ces natures, jusqu'à ce jour insouciantes et isolées, à cultiver les arts du raisonnement et de l'imagination en même temps que ceux de première nécessité.

La philosophie et la poésie surtout, plus facilement répandues dans les villes et dans les châteaux, exercèrent une influence considérable sur les mœurs grossières de cette époque. Les romans de chevalerie, les fabliaux, les contes profanes ou dévots, étaient lus ou écoutés avec une insatiable avidité par les bourgeois et les seigneurs. Grâce aux pérégrinations incessantes des jongleurs, bateleurs, trouvères et ménétriers, l'esprit nouveau pénétrait partout et reliait entre eux des hommes jusqu'alors presque étrangers les uns avec les autres. L'amour, ce besoin irrésistible de tout cœur délicat, de toute âme généreuse, de toute imagination ardente, spiritualisé par le christianisme et raffiné par les subtiles délicatesses des troubadours et des trouvères, adoucit les instincts sauvages qu'aucun frein n'avait encore retenus. Enfin un fait nouveau, du moins dans son extension universelle, contribua surtout à polir cette société demi barbare : le culte de la sainte Vierge, cette sublime poésie d'une religion où tout est sublime, porté par les deux grands ordres mendiants à l'apogée de son éclat, de sa puissance, se répandit et se propagea avec une inexprimable rapidité dans le monde chrétien. L'immaculée Conception de la mère de Dieu, qu'une décision solennelle, accueillie avec un enthousiasme indescriptible, vient de consacrer définitivement, fut proclamée au commencement de ce siècle par un illustre *chevalier de la Vierge* (1), l'Ecossais Jean Scott, et adoptée bientôt par la Faculté de théologie de Paris.

Cette exaltation de la Vierge-Mère qui répondait si bien aux aspirations et aux besoins du moyen âge, souleva et accomplit une véritable révolution morale. Désormais la femme ne fut plus un instrument matériel des passions de l'homme, destiné seulement à satisfaire ses caprices et à obéir à sa volonté, mais une créature sensible et délicate, dont la faiblesse même constituait la puissance (2). Un sourire, un regard, un simple signe d'approbation obtenu d'une gracieuse châtelaine fut désormais l'unique récompense ambitionnée par les guerriers les plus renommés; et l'on vit même des seigneurs suzerains renoncer dans ce but aux droits les plus cruels qu'ils exerçaient sur leurs vassaux. De là ces exploits fabuleux, que nos intelligences positives se refusent à croire, entrepris par des preux pour plaire à la dame de leurs pensées; de là ces prodiges de dévouement, d'héroïsme et d'une tendre et respectueuse galanterie; de là ces ro-

---

(1) Les Franciscains s'intitulaient chevaliers de la Vierge.

(2) Jamais en aucun temps, dit M. Veuillot*, elle n'a été l'objet d'un respect plus tendre; jamais la loi, inspirée par la religion, n'a mieux protégé tout à la fois ses droits, sa faiblesse et sa dignité; jamais, comme épouse et comme mère, et elle n'a joué un rôle plus auguste.

* *Droit du seigneur au moyen âge.*

mans de chevalerie, si enthousiastes et si subtils ; de là ces chants des troubadours si poétiques et si raffinés ; de là enfin l'influence croissante des femmes sur le monde social et politique, caractère tout particulier du siècle que nous étudions. Il faut tenir compte à toutes les femmes, dit un poëte de ce temps (1), de ce que la mère de Dieu a été femme. Ce culte poétisé de la femme chrétienne fut sans contredit l'élément le plus puissant et le plus direct de la civilisation, et l'on vit des goûts délicats et des sentiments généreux succéder peu à peu aux habitudes grossières et violentes que l'ignorance, la solitude et les expéditions aventureuses avaient entretenues jusqu'alors. Quel rôle elle joue, s'écriait dernièrement un de nos plus grands poëtes modernes dans une réception académique, quel rôle elle joue dans l'ensemble des faits providentiels d'où résulte l'amélioration continue du genre humain ! Comme elle est grande dans l'enthousiasme sérieux des contemplateurs et des poëtes, la femme de la civilisation chrétienne, figure angélique et sacrée, belle à la fois de la beauté physique et de la beauté morale, — car la beauté extérieure n'est que la révélation et le rayonnement de la beauté intérieure ; — toujours prête à développer, selon l'occasion, ou une grâce qui nous charme, ou une perfection qui nous conseille ; acceptant tout du malheur, excepté le fiel ;

(1) FRAUENLOB, poëte du XIIIe siècle (*cité par Montalembert*).

devenant plus douce à mesure quelle devient plus triste; sanctifiée enfin à chaque âge de la vie, jeune fille par l'innocence, épouse par le devoir, mère par le dévouement!

Tandis que l'esprit religieux et poétique rayonnait sur le monde chrétien et le faisait resplendir de ses magiques reflets, le sensualisme, ce venin de toute civilisation, s'infiltrait insensiblement dans les mœurs. La soif des jouissances matérielles se traduisit tout d'abord par l'avénement d'un goût entièrement nouveau dans les habits. Cette révolution du costume en France vint encore coïncider avec le règne de Philippe le Bel (1). On ne changea rien à la forme des vêtements, mais on les surchargea, sans goût et sans discernement, de fourrures, de broderies, de galons d'argent, d'or et de pierreries. Les modestes tissus de fil et de laine, fabriqués par l'industrie nationale, furent abandonnés pour les draps fins de Flandre, pour la soie et les velours damassés que Venise et Gênes apportaient de l'Orient.

Les croisades avaient fait entrevoir aux chevaliers chrétiens l'existence sensuelle et efféminée des peuples du Levant. Rentrés dans leurs châteaux, où l'inaction les faisait périr d'ennui, ils se tournèrent vers les jouissances matérielles, le *confortable*, comme nous l'avons appelé depuis, et dont on ne s'était encore pas douté en Occi-

---

(1) QUICHERAT, *Rapport à l'École de chartes*, 1847. *Hist. du costume en France au XIIIe siècle.*

dent. Les bourgeois, enrichis par la rapide extension du commerce, dans ces dernières années, et avides de prouver ainsi leur nouvelle puissance, ne tardèrent pas à les imiter. Le luxe devint si général que la reine, Jeanne de Navarre, accompagnant Philippe le Bel en Flandre, surprise de l'élégante somptuosité des bourgeoises de Bruges, s'écria : « Je croyais paraître ici comme la seule » reine, mais j'ai trouvé plus de six cents femmes » qui pourraient me disputer cette qualité par » la richesse de leurs habits. »

Le sensualisme profond qui se manifestait à l'extérieur, par la magnificence et la profusion des ornements, se fit bien plus ressentir encore dans les détails de la vie intérieure : la nourriture, au lieu d'être une nécessité impérieuse, qu'il fallait seulement satisfaire, devint un plaisir et l'occasion des plus fastueuses indolences. Les repas des seigneurs et des riches bourgeois absorbaient la plus grande partie de la journée, et se terminaient souvent dans l'orgie et la débauche. Des quartiers énormes de viandes empilées étaient répandus à profusion sur de vastes tables, déjà couvertes de sucreries et de gâteaux; le vin, l'hypocras, les liqueurs et les épices, que des valets distribuaient sans cesse, venaient à chaque instant, comme autrefois chez les Romains du Bas-Empire, exciter un appétit factice et enflammer les imaginations. Dans les intervalles qui séparaient chaque service (*entremets*) des jongleurs, bateleurs, menestriers, chantaient, dansaient, jouaient de divers instruments et représentaient même des farces dialoguées, le plus souvent grossières et licencieuses. Parfois des ribaudes se joignaient à ces troupes ambulantes, et, nouvelles *almées*, se livraient, devant ces spectateurs avinés, aux contorsions les plus voluptueuses et les plus lascives.

Philippe IV, comprenant combien ces débordements étaient dangereux pour la richesse et la moralité de ses sujets, essaya de les arrêter dès leur origine. Il rendit des ordonnances somptuaires qui réglaient la quantité et la qualité des plats pour chaque repas; le nombre, la forme et l'étoffe des vêtements que chacun avait le droit de posséder, suivant sa position. Il faut lire ces curieux documents pour se faire une idée des minutieux détails dans lequel le despotique souverain croyait avoir le droit de pénétrer pour imposer sa volonté. L'Église se joignit au roi de France dans cette lutte contre les envahissements d'une civilisation corrompue, et un concile, tenu précisément à Montpellier, défend, entre autre choses, aux hommes d'avoir des habits fendus par en bas, et aux femmes de porter des robes traînantes.

Mais l'impuissance de ces mesures répressives est attestée par la multiplicité et la sévérité des règlements de ce genre. Dieu peut seul dire aux flots envahissants d'une mer de corruption et de mollesse : « Tu n'iras pas plus loin ! »

CONCLUSION.

—

Si nous ne sommes pas le jouet d'une trop flatteuse illusion, une conséquence saillante doit ressortir de notre travail : la haute importance de la fin du XIIIe siècle dans l'histoire de l'humanité. Quelles nombreuses et profondes tranformations s'opèrent pendant ce court espace de cinquante années! Les vieilles institutions disparaissent ou s'écroulent, pour faire place aux nouveaux éléments de la civilisation. Avec la brillante dynastie des Capétiens, dit M. Th. Lavallée, se termine l'âge héroïque de la féodalité. La révolution qui a renversé la monarchie universelle, est complète; l'âge de foi est fini, un âge de transition commence, âge d'ébranlement spirituel et de souffrances matérielles. Un temps d'arrêt, long et douloureux, viendra, il est vrai, suspendre tout à coup les progrès des lumières et retarder l'ère de cette renaissance universelle qui semblait sur le point d'éclater; le fruit de tant d'efforts et de labeurs semblera anéanti par la guerre des factions; l'Europe, bouleversée pendant près de deux siècles, menacera à chaque instant de retomber dans cette récente barbarie, qu'elle avait eu tant de peine à secouer. Mais les germes vivants déposés au sein de la société, sous les règnes de saint Louis et de Philippe le Bel, loin d'être annulés et détruits, sortiront fécondés de cette période d'enfantement et de souffrances, et constitueront définitivement la société moderne.

Sous les derniers Capétiens, le vieux monde et le monde nouveau sont en présence : du sein de cet esprit pieux, ardent et crédule du moyen âge, s'élèvent, par intervalle, les railleries mordantes des précurseurs de Rabelais et de Voltaire.

Ce mélange de foi naïve et enthousiaste et de hardiesse satirique et moqueuse est, nous l'avons vu, le trait distinctif de cette époque ; il ne faut donc pas la juger exclusivement, comme on l'a fait déjà tant de fois, d'après cette foule de contes et de fabliaux recueillis par Legrand d'Aussi, Barbazan et Roquefort, et dans lesquels la corruption des mœurs s'allie, en général, à une certaine candeur de l'esprit. Ce n'est là que le côté romanesque et imaginaire de la société, et, sans vouloir nier l'importance de ces curieux documents, on peut dire qu'ils n'en font pas une peinture réelle ni complète. Qui irait étudier les mœurs de notre siècle dans les œuvres de Paul de Kock ou d'Eugène Sue ?... On doit, sans nul doute, faire la part de cette tendance de liberté et de scepticisme qui lutte contre les principes d'autorité et de foi, ces bases fondamentales du moyen âge ; mais l'esprit nouveau n'a pénétré que chez un petit nombre d'individus; la portion la plus considérable de l'humanité, le peuple, est toujours simple et pieux, et conservera longtemps encore ces consolantes traditions (1).

Ce qui caractérise essentiellement la fin du XIIIe siècle, c'est cette dualité si nette et si tranchée qui se retrouve partout, dans les mœurs et dans les idées, dans les passions et les sentiments, dans les croyances et les actions. Ce sont deux sociétés différentes qui vivent côte à côte, mêlées, alliées, confondues, et pourtant distinctes; car l'une va finir et l'autre ne tardera pas à la remplacer. L'héroïsme, la galanterie et la dévotion auront à lutter contre les progrès envahissants d'un sensualisme railleur et licencieux.

Quelque chose de grand surnage toutefois au milieu d'éléments si disparates et leur sert, pour ainsi parler, de trait d'union. Ces âmes ardentes, oisives et incultes, sont dévorées par un désir insatiable de gloire et d'honneur. Cette soif de

---

(1) Sous bien des rapports, le peuple a échappé aux modifications qui se sont produites à la surface et dans les régions moyennes de la société moderne; la tradition, interrompue en haut, s'est maintenue sans altération dans les classes laborieuses. A bien des égards, le peuple est aujourd'hui, et nous le disons à son honneur, ce qu'il était il y a quatre siècles. Il a les mêmes aspirations, les mêmes goûts artistiques, les mêmes amours, les mêmes passions que ses ancêtres du moyen âge.
(DANJOU, *Messager du Midi*, 18 août 1854).

renommée, que rien ne peut éteindre, les lance dans les entreprises les plus extraordinaires.

La singularité poussée jusqu'à la folie, l'audace dégénérant presque toujours en aveugle témérité, le mépris des périls et de la mort, en un mot un besoin irrésistible de sortir des bornes de la vie calme et monotone, et d'acquérir, par quelque action rare et nouvelle, ou quelque aventure bizarre, difficile, impossible même, une éclatante célébrité, domine ces natures demi sauvages et leur fait accomplir ces exploits merveilleux, si communs alors, qui excitent notre étonnement et notre admiration.

Cette disposition générale des esprits explique l'exaltation simultanée des vertus religieuses et guerrières, des dévouements pieux et chevaleresques. Voilà la source inépuisable d'où sont sortis tant de saints et de héros! Quitter tout pour Dieu, vivre dans la pauvreté, le jeûne et la prière; se couvrir de haillons, mépriser et fouler aux pieds tout ce que les hommes estiment ou recherchent, s'exposer aux intempéries de l'air, aux souffrances de la faim et aux outrages des hommes; réaliser enfin la sublime devise des ordres mendiants, *pati et contemni,* en voilà plus qu'il n'en fallait pour entraîner des imaginations enthousiastes d'héroïsme, de sacrifices et de grandeur d'âme! Lorsqu'on a consciencieusement étudié les aspirations et les tendances de ces natures généreuses et exaltées, si quelque chose surprend encore, ce n'est ni la rapidité avec laquelle les ordres nouveaux se sont développés, ni leur prodigieuse influence, ni les merveilles qu'ils ont accomplies; mais le nombre relativement si grand encore de ceux qui restèrent étrangers à ce mouvement intellectuel et religieux, et la rapidité avec laquelle ces élans de foi, de charité et de dévouement, ont presque totalement disparu.

Tout ce côté vivant, original et poétique du vieux monde qui s'en va, est personnifié dans saint Roch. Il en résume les héroïques sentiments; le récit de ses actions en est la peinture la plus fidèle. L'existence du célèbre pèlerin ne serait-elle qu'un symbole, un mythe, une légende, elle aurait encore, pour le philosophe et l'historien, une importance considérable!

Aussi ne craignons-nous pas que l'on nous reproche de nous être étendu trop longuement sur des considérations générales à propos d'un pèlerin obscur, qui a passé presque inaperçu au milieu de ses contemporains. A part le vif intérêt qui nous a entraîné dans une étude si attrayante, le caractère historique de cette courte mais glorieuse existence nous a surtout frappé. La vie de saint Roch représentant tout un côté d'une époque complexe, il nous a paru impossible d'en apprécier sainement la portée sans connaître le milieu dans lequel il a vécu. Son héroïque dévouement n'est pas, en effet, un fait isolé et spécial, étranger au monde qui l'entoure, mais bien, au contraire, l'expression d'un fait général et multiplié à l'infini. L'illustre Montpelliérain, le Vincent de Paul du XIVe siècle, est le type idéal de ces innombrables chevaliers du Christ qui ont rempli le monde de leurs exploits et de leurs vertus. Son glorieux pèlerinage représente le mouvement d'idées qui a agité l'Europe pendant près de deux siècles ; son inépuisable charité est le symbole de cet amour insatiable de Dieu et des hommes qui embrasait tant de cœurs ; enfin sa captivité et sa mort volontaires sont les conséquences d'un pieux préjugé très-répandu à cette époque ; en un mot, sa douce et poétique figure est l'emblème le plus complet du monde qui s'en va, l'immortelle et rayonnante statue du passé.

TABLE DE L'INTRODUCTION.

Sommaire.

État politique, moral et religieux de l'Europe, et en particulier de la France, à la fin du XIIIe siècle.

CHAPITRE Ier.

Europe. — Importance de cette époque. — Philippe le Bel et Boniface VIII, Dante et saint Roch. — Le vieux monde et le nouveau. — Période de transition : apparition du scepticisme religieux ; aux croisades succèdent les pèlerinages, germes de la société moderne. — Développement de l'esprit de nationalité.

CHAPITRE II.

France. — Sa suprématie en Europe. — Commencement de l'ère nationale. — Paris rendez-vous scientifique.

§ Ier. Société politique et civile. — 1° Progrès de la royauté ; pouvoir presque absolu de Philippe IV ; caractère de ce prince mal apprécié par quelques historiens. — États généraux, légistes. — Affaiblissement des nobles et du clergé ; ces deux ordres regagnent une partie de leur influence sous les trois fils de Philippe le Bel, qui laissent le pouvoir royal dans un grand affaiblissement.

2° Décadence des communes, avénement du tiers état.

§ II. Société religieuse. — Relations des autorités civile et religieuse. — La monarchie universelle de l'Église disparaît avec Boniface VIII et Clément V. — Relâchement des croyances.

§ III. Productions de l'esprit. — Activité prodigieuse, grand nombre de poëtes. — L'idiome vulgaire se développe et s'étend. — Fondation d'universités et de colléges. — Raymond Lulle.

§ IV. Arts. 1° *Architecture* : apparition de l'art dit gothique. — 2° *Sculpture* : statues et ornements, orfévrerie, monnaies. — 3° *Peinture* : vitraux et manuscrits. — 4° *Art dramatique* : première pièce en langue vulgaire, origine du théâtre français. — 5° *Musique* : chansons, hymnes, contrepoint.

§ V. Mœurs et coutumes. — Usages barbares laissés de côté. — Progrès de la civilisation. — Culte de Marie, immaculée Conception ; influence de la femme chrétienne sur les mœurs. — Révolution dans les costumes ; table, débordement du luxe ; lois somptuaires.

CONCLUSION.

Saint Roch représente tout un côté du vieux monde qui s'en va ; il en est la personnification vivante. Sa vie est l'expression des mœurs, des sentiments et des idées de la société religieuse à la fin du XIII° siècle.

SAINT ROCH.

ÉTUDE HISTORIQUE SUR MONTPELLIER
AU XIVᵉ SIÈCLE.

CHAPITRE Ier.

Montpellier à la fin du XIIIe siècle.

---

§ Ier. Description topographique et pittoresque de Montpellier

Un des tableaux les plus curieux et les plus caractéristiques de la vie intime de nos aïeux est certainement la peinture fidèle et complète d'une ville du moyen âge. Montpellier, par exemple, malgré ses fâcheuses et innombrables irrégularités, ne peut donner aujourd'hui une idée de la vieille cité espagnole. De nombreuses et incessantes améliorations ne sont parvenues à en faire qu'*un magasin de belles maisons*, et, malgré la sollicitude la plus infatigable, elle ne pourra, de longtemps encore, mériter une qualification plus flatteuse! C'était bien autre chose il y a six siècles! Le quartier de la Vieille, si obscur et si abrupte, était alors un des plus beaux et des plus fréquentés; les rois de Majorque y avaient choisi leur habitation ordinaire, rue de l'Argenterie (1), et la maison consulaire y attirait nuit et jour un mouvement considérable.

Vu à vol d'oiseau, Montpellier, comme presque toutes les villes du moyen âge, surtout dans le Midi, présentait un dédale inextricable de rues étroites et tortueuses, bizarrement brouillées, réunies et resserrées sur un monticule, dans un ovale irrégulier, fortement dessiné par les lourdes murailles de la commune clôture. Cependant, avec un peu d'attention, on apercevait bientôt une longue ligne qui traversait la ville dans toute son étendue et la divisait en deux parts fort inégales, Montpellier et Montpelliéret (2).

(1) C'est dans cette maison, au portail ogival, connue encore sous le nom de maison des rois de Majorque, qu'en 1343 un des pages de Jayme III, Bernard de Roquefeuil, ayant, en versant à boire à ce prince, répandu du vin sur son habit de satin blanc, reçut de lui, dans un mouvement d'humeur, un coup de couteau dont il mourut.

(2) Montpelliéret comprenait toute la partie située à droite de celui qui, partant de la porte de Lattes, suivait la place de la Comédie, les rues du Gouvernement, de Ste-Foy, de la Monnaie, du Collége, du Pila-St-Gély et du Faubourg-de-Nîmes. Il était donc en réalité, comme son nom l'indique, moins étendu que Montpellier. Il ne faudrait pas cependant s'en faire une idée d'après ce qui existe aujourd'hui. Le quartier de la Citadelle a complétement changé d'aspect depuis deux ou trois siècles : le vaste terrain occupé de nos jours par l'Esplanade, le Champ de Mars et les bastions, renfermait, au moyen âge, de nombreuses habitations ; l'église

Indépendamment de cette artère principale, on distinguait quatre ou cinq rues plus droites et plus larges que les autres, et dans lesquelles celles-ci venaient toutes déboucher.

Nous n'essayerons pas de décrire le spectacle que le regard embrassait de l'aiguille octogone de Notre-Dame-des-Tables, dont la croix dorée dominait le curieux ensemble. Il ne reste malheureusement ni assez de documents, ni assez de débris pour reconstruire, par la pensée, les nombreux édifices dont les toits, les flèches, les cloches, les tourelles, les dômes et les aiguilles devaient apparaître comme un vaste échiquier de pierre. Dans l'intérieur du mur d'enceinte, les maisons serrées, entassées, accumulées en désordre des deux côtés du monticule, dont la rue du Cannau (1) déterminait à peu près l'arête supérieure, semblaient s'appuyer et se retenir les unes aux autres. Dans les faubourgs, elles se pré-

---

de St-Denis, paroisse de Montpelliéret, était située à l'emplacement sur lequel on a bâti le bastion N.-E. Les dépendances de Montpellier, vers le nord, étaient, au contraire, moins considérables que les modernes faubourgs, et relativement peu peuplés. (*Vid. Histoire de la commune de Montpellier*, par A. Germain). Nous renvoyons, une fois pour toutes, à cet intéressant et consciencieux ouvrage, les lecteurs désireux d'approfondir l'histoire originale de la commune de Montpellier. (V. *Journal de Montpellier*, janvier et février 1852, les cinq articles que nous avons consacrés à l'analyse critique et détaillée de cette œuvre importante.)

(1) *Camp nóou*, champ nouveau.

lassaient à leur aise au milieu de vastes jardins et s'éparpillaient joyeusement autour des remparts, devenant de plus en plus rares à mesure qu'elles s'éloignaient davantage, jusqu'au jour prochain (1363) où une palissade, garnie de portalières ou *portalets* (1), viendra les resserrer dans une seconde enceinte, pour les mettre à l'abri des ravages occasionnés par les grandes compagnies, ces pilleurs organisés.

Dès que l'œil, surpris d'abord par cette forêt de clochers, de tours et de tourelles, pouvait distinguer séparément chaque objet, il apercevait, à gauche de la *leude* du Peyrou, la majestueuse tour de Ste-Eulalie, d'une architecture ogivale, calme, sobre et contenue, autour de laquelle se développaient l'immense enclos des Dominicains et celui des religieux de la Merci; de l'autre côté du rocher, la chapelle du Palais ou la *sainte chapelle* des rois d'Aragon et de Majorque, à laquelle Philippe le Bel donna une épine de la couronne du Sauveur et un fragment de la vraie croix, et dont l'aiguille fine et élancée contrastait singulièrement avec les tours pyramidales du palais seigneurial. Entre les deux, et dans l'intérieur des murs, s'élevait la vieille et lourde église St-Firmin, l'antique paroisse de Montpellier, avec ses annexes, St-Paul et St-Mathieu dans la cité, St-Thomas et St-Guilhem dans les faubourgs. Sur le plan de l'Huile, St-Arnaud, érigée plus tard en collégiale sous le

(1) Petites portes.

vocable de Ste-Anne, faisait le pendant de la délicate chapelle de Ste-Croix de la Canourgue, bâtie par Guilhem IV, au retour de la croisade (1146), sur la place moderne de ce nom, pour y déposer, entre autres reliques, un morceau du bois sacré de la rédemption, qu'il avait apporté lui-même de la Palestine. Vers le sud, la svelte et gracieuse église de St-Nicolas, hardiment posée sur un pont qui traversait la rue de l'Aiguillerie, dominait Ste-Foy, aux proportions sévères, mais élégantes, de l'architecture du XIIe siècle, et semblait presque se confondre avec elle. Du côté de Montpelliéret, on distinguait tout d'abord le campanile roman de St-Denis, situé à l'emplacement qu'occupe aujourd'hui le bastion N.-E. de la citadelle. Derrière la porte de Lattes se dessinait le vaste couvent des Franciscains, dont l'église et le cloître gothiques semblaient encadrés dans les tours qui défendaient ce côté de la ville. Enfin à l'est, au milieu du vaste enclos appartenant aux Templiers, se dressait la coquette et élégante basilique Ste-Marie-de-Lèzes, avec ses mille dentelures, sans nul doute postérieures à l'époque de sa fondation, puisqu'elle fut consacrée en 1129, par Galtier, évêque de Maguelone. Ajoutez à tout cela une vingtaine de chapelles, d'hôpitaux et de couvents, disséminés soit dans la ville et dans les faubourgs, soit sur les pittoresques collines qui les entourent, et les vingt-cinq tours crénelées des remparts, qui semblent diviser ce panorama circulaire en autant de tableaux auxquels elles servent de cadre; noyez cette forêt de pierre dans les flots d'un soleil méridional, dont un ciel et une mer d'azur répercutent et multiplient l'éblouissante splendeur, et vous aurez une image confuse du coup d'œil merveilleux qu'apercevait la sentinelle placée en vigie sur le clocher de Notre-Dame-des-Tables en 1293!

Dans l'intérieur de la ville, le spectacle n'était ni moins curieux ni moins varié. Les rues escarpées, étroites et sinueuses, mal ou pas du tout pavées, avaient quelques points de ressemblance avec les lits que se creusent les torrents dans le flanc des montagnes. L'alignement et la régularité, ces deux principes fondamentaux de l'architecture ancienne et moderne, étaient complétement inconnus au moyen âge. Il semble même, d'après les constructions de cette époque, que l'on évitait tout ce qui aurait pu paraître droit, symétrique ou régulier, avec autant de soin qu'on en avait mis avant et qu'on en met depuis à le rechercher. Si la ligne droite a ses avantages et souvent même sa beauté artistique, elle manque toutefois, il faut l'avouer, de pittoresque et de variété, ces deux caractères de l'architecture du moyen âge.

Quoi qu'il en soit, nos anciens cultivaient avec passion l'irrégularité et vivaient dans l'oubli le plus complet de l'alignement. Ces courbes tortueuses et encombrées qu'ils décoraient du nom de rues n'étaient qu'un amas de constructions bizarres, avec leurs longs toits en saillie, leurs étages en surplomb et leurs devantures peintes ou sculptées, enchevêtrées les unes dans les autres et réunies le plus souvent par des arceaux ou parabandes en bois ou en pierres, servant eux-mêmes d'habitations. De nos jours ce sont les façades qui regardent les places et les rues ; au moyen âge, les pignons seuls présentaient aux passants la chaîne variée et multiforme de leurs angles aigus, et donnaient aux villes gothiques une physionomie toute particulière. Devant chaque maison se dressaient un banc, une table de pierre, souvent un puits, et presque toujours un escalier extérieur, soit découvert, soit en forme de tourelle, qui venaient empiéter encore sur l'étroit espace destiné à la circulation. De nombreuses et fantastiques gargouilles, dont l'inépuisable variété faisait honneur à la féconde imagination des maîtres de pierre de Montpellier, se détachaient à différentes hauteurs, vomissant par torrents les eaux pluviales. Enfin de larges auvents, et quelquefois même des galeries voûtées, qui préservaient le seuil des maisons de ces inondations partielles, achevaient de rendre ces humides et obscurs passages inaccessibles aux rayons du soleil. La nuit, nul ne pouvait se diriger dans ces interminables labyrinthes sans une lanterne, dont l'usage était forcément devenu général. Quant aux voitures, on n'y avait pas encore songé, et c'est à peine si quelques rares chaises à porteur, réservées aux riches et aux malades, circulaient parfois, non sans difficulté, au milieu de ces inévitables embarras !

Chaque quartier de la ville, ou plutôt chaque groupe plus ou moins distinct d'habitations, fermé de distance en distance par des chaînes ou des portes de fer, avait sa physionomie propre, son allure particulière. Ainsi, aux environs du palais seigneurial, bâti par les Guilhems, et autour de la Salle-l'Évêque, centre de la domination suzeraine, l'œil du connaisseur aurait facilement distingué, tout d'abord, un certain nombre de maisons d'une architecture plus ancienne, qui rappelaient les deux bourgs distincts de Montpellier et de Montpelliéret, dont la réunion avait peu à peu formé la ville actuelle (1). Il aurait même pu suivre presque pas à pas leur extension progressive jusqu'au jour où le monticule dont ils occupaient les deux versants fut couvert d'habitations, et où les deux juridictions n'eurent plus pour limites respectives qu'une rue commune (2). Il aurait trouvé peut-être, à l'aide d'une observation attentive et minutieuse, les traces successives de cette intéressante transformation commencée sous les Guilhems, et qui venait se terminer sous Philippe IV. Quand on sait voir, dit l'illustre auteur de *Notre-Dame de Paris*,

(1) Tout est double dans l'origine de Montpellier, et tout néanmoins y aboutit à l'unité. « L'unité émanant d'une primordiale dualité, dit M. Germain, tel est le symbole, telle est l'histoire de Montpellier au moyen âge. » Voir, introd. de l'*Hist. de la comm. de Montpellier*, la curieuse légende sur son origine.

(2) *Des vieilles maisons de Montpellier,* par J. Renouvier.

on retrouve l'esprit d'un siècle et la physionomie d'un roi jusque dans un marteau de porte.

Au milieu d'éléments si divers, il est bien difficile de se faire une idée du panorama varié et multiforme qui se déroulait aux yeux du voyageur parcourant les différentes rues de la vieille cité.

C'était un mélange original et confus de voûtes, de colonnes, de tourelles et de pignons, et même de machicoulis avec meutrières et créneaux, qui rappelaient les temps peu éloignés où chacun pouvait avoir à se défendre soi-même.

De nombreuses constructions romanes, surtout dans les parties les plus anciennes de la ville, contrastaient, par leur lourde simplicité, avec la légèreté et la richesse du style ogival. Le plein-cintre bas et nu, coupé par un linteau monolithe, se mariait souvent à tous ces charmants hasards d'architecture qui font que l'art gothique a l'air de recommencer à chaque pas ses gracieuses combinaisons. Ces constructions hybrides, qui se retrouvent surtout dans les grands édifices publics (1), ne sont pas les moins intéressantes pour l'artiste, l'antiquaire et l'historien. Elles résument dans leurs diverses couches la filiation de l'art, le travail intéressant des siècles, l'histoire psychologique de l'humanité.

Notre-Dame-des-Tables, lors de sa destruc-

---

(1) *Notre-Dame de Paris*, par V. Hugo.

tion en 1582 (1), présentait un curieux échantillon de cette intéressante variété. Romane par les pieds, gothique par le corps, elle devint gréco-romaine par la tête à l'époque de la Renaissance. Commencée au Xe siècle dans le style romano-byzantin, agrandie et restaurée en 1143 par Guilhem VI, elle n'était pas achevée que déjà l'ogive régnait en souveraine. Le style gothique eut donc un charmant échantillon dans ce clocher élancé dont la flèche octogone dominait la ville. A chaque instant de nouvelles sculptures, des broderies, des dentelures, des animaux fantastiques et des arabesques hardies venaient s'ajouter aux *deux lions de Saint-Marc* (2) qui décoraient le front de la façade, et aux naïfs bas-reliefs qui garnissaient les huit fenêtres de l'aiguille dans laquelle un guetteur était nuit et jour en sentinelle. Dès le commencement du XIIIe siècle, Notre-Dame-des-Tables était devenue la paroisse du consulat, l'église communale par excellence, le centre et le théâtre de tous les événements politiques et religieux; aussi fut-elle une seconde fois agrandie et restaurée en 1230 par les soins des consuls, qui prodiguèrent pour son embellissement les trésors des arts et les ressources pécuniaires de la commune. A cette époque et depuis longtemps déjà, l'église métropolitaine de

---

(1) A cette époque, les protestants démolirent presque tous les édifices religieux élevés avec tant de soin, de peines et de travaux, par la foi de nos pères.

(2) *Petit Thalamus.*

Montpellier avait absorbé à son profit l'importance du vieux château des Guilhems, qui, se dressant fièrement près du rocher du Peyrou et abritant à l'ombre de ses tours en pyramide l'antique chapelle seigneuriale, apparaissait comme un souvenir vivant de la féodalité. Plus de cinquante édifices de toute date, de toute forme et de toute grandeur, depuis le lourd et bas campanile roman de Saint-Denis, l'antique paroisse de Montpelliéret, jusqu'à la fine aiguille de Notre-Dame-des-Tables, étaient parsemés dans l'intérieur de la catholique cité. Un solide mur d'enceinte, couronné de dix-sept cent cinquante-sept créneaux, flanqué de vingt-cinq tours irrégulièrement espacées, et percé de onze portes au moyen desquelles la ville communiquait avec les faubourgs, l'encadrait dans une formidable ceinture de pierre (1). Si l'on se rappelle que presque tous ces monuments présentaient dans leur ensemble, comme dans les plus minces détails, les formes élégantes et originales d'un art trop longtemps délaissé, on ne pourra se défendre d'une profonde et douloureuse tristesse en songeant que, de toutes ces

---

(1) De tout ce système de fortifications il ne reste plus aujourd'hui qu'une tour avec ses machicoulis gothiques, à la porte de la Blanquerie ; on y reconnait encore les armoiries de l'œuvre de la commune clôture, consistant en une tour crénelée, au milieu de laquelle s'ouvre une porte à plein-cintre, munie de la herse et couronnée d'une meurtrière et de deux fenêtres.

créations de nos pères, œuvres de foi et d'inspiration longuement et péniblement enfantées, il ne reste pas le moindre débris !

Mais revenons au XIIIe siècle. En dehors du point de vue historique et architectural, l'esthétique vivante de la savante et industrieuse cité formait aussi un singulier et intéressant spectacle. Ici les tanneurs ou blanquiers, là les barraliers ou tonneliers, plus loin les drapiers, les fustiers et les épiciers, dont les nombreux produits parfumaient la ville entière (1), les teinturiers, les argentiers, les tripiers, etc., etc., cantonnés (2) dans les différentes rues, qui prirent en général leur nom (3), donnaient à chacune d'elles ce que nous appellerions aujourd'hui sa couleur locale. Les auberges (bouges d'albergue) et les tavernes, disséminées çà et là dans toute l'étendue de la ville, venaient seules en rompre l'ingénieuse uniformité. Quant aux étuves et aux fabriques de parfums, de liqueurs fortes, de vert-de-gris, elles étaient répandues dans les vastes faubourgs, relativement peu peuplés, et occupés en grande partie par les différents ordres religieux : Templiers, Dominicains, Franciscains, Carmes, Augustins, Trinitaires, Clarisses et Prouillanes, si nombreux à cette époque.

(1) V. le Vilain anier, *Fabliaux et contes du moyen âge* (Legrand d'Aussi).

(2) Charte de Montpellier, 15 août 1204, art. 29.

(3) Quelques-unes les conservent encore : la Blanquerie, la Barralerie, l'Argenterie, la Triperie, etc.

Les juifs, resserrés aux environs de la Canourgue, dans le carrefour Castel-Moton, formaient comme une espèce de société à part; ils avaient leur eau et leur boucherie, leur synagogue et leur cimetière particuliers. On les reconnaissait facilement, d'abord à ce type indélébile qui s'est conservé jusqu'à nous, et surtout à la *grant rouelle, bien notable, partie de rouge et blanc*, qu'ils étaient contraints de porter sur le dos et sur la poitrine.

Les étudiants en droit, population turbulente et tracassière, avaient adopté pour quartier général les environs de la *haute, belle tour carrée de Ste-Eulalie, où estoit la cloche de l'université des lois et soubs, troys belles grands salles des études des droits pour lire* (1). Les bons bourgeois qui habitaient le faubourg St-Guilhem et celui du Peyrou n'appréciaient pas trop, à ce qu'il paraît, le voisinage de ces écoliers, bacheliers et docteurs, qui, sans respect pour leur robe noire et leur bonnet carré, inventaient à chaque instant de nouvelles espiègleries, dont les conséquences furent plus d'une fois sanglantes (2). Il en était de même pour les habitants du quartier St-Mathieu, berceau de l'illustre école de médecine (3), alors à l'apogée de sa gloire et dont les élèves n'étaient ni moins remuants ni moins tracassiers que leurs rivaux de la Faculté de droit.

(1) *Petit Thalamus*, p. 535.
(2) Voir chap. V, la rue Bona-Nioch.
(3) Elle était située à l'emplacement occupé aujourd'hui par l'école de pharmacie.

Si maintenant on fait revivre, par la pensée, cette population industrieuse et empressée, dont les costumes bizarres s'harmonisaient si bien avec les élégances architecturales des édifices ; si on se représente ces riches bourgeois, étalant avec orgueil leurs larges surcots aux couleurs éclatantes, et leurs splendides ceintures couvertes d'or et de pierres précieuses ; ces jeunes seigneurs resplendissants de broderies et de fourrures ; ces dames et damoiselles en robes de soie et de camelot, ornées de joyaux et de perles ; ces Espagnols dont les vêtements plissés et serrés sur le corps contrastaient si singulièrement avec l'ampleur démesurée des costumes français ; ces étrangers, Italiens, Grecs, Égyptiens, Persans, que la prospérité commerciale de Montpellier amenait constamment dans ses murs ; si l'on mêle enfin à cette foule brillante des étudiants en robe noire et en bonnet carré, des ouvriers et des serfs couverts de futaine ou de tiretaine foncée, des clercs en large chape ronde et quelques moines, uniformément vêtus de laine blanche ou brune, on pourra se faire une idée de la physionomie bariolée que présentait Montpellier à la fin du XIIIe siècle.

Pour compléter ce tableau, il faudrait parcourir les rues de la ville : parmi ces groupes d'oisifs et de travailleurs, de mondains et de religieux, d'indigènes et d'étrangers, de nobles et de manants, on ne tarderait pas à rencontrer quelques-uns de ces traits de mœurs qui, dans une société où la vie était tout extérieure, en apprennent bien plus sur le caractère et les idées de nos aïeux que les plus éloquentes histoires. Ce cercueil, surmonté d'une croix rouge, sur lequel chaque passant jette des pierres en détournant la tête, désigne la demeure d'un excommunié. Cette troupe d'individus vêtus de noir, qui se livrent aux contorsions les plus extravagantes, sont des pleureurs à gage qui répètent leurs banales simagrées à chaque nouvel enterrement. Cet homme demi-nu, attaché au *verrou de St-Firmin*, est un banqueroutier que ses créanciers viennent fustiger en public. Plus loin, ce sont des adultères, courant tout nus à travers la ville, poursuivis par les huées de la populace (1); singulière punition, dont le scandale était plus immoral que le délit lui-même. Ici une troupe bruyante, armée de torches, de branches d'arbre et d'instruments de toute espèce, va planter un mai au milieu des danses et des chants les plus frénétiques; là des jongleurs et des ribaudes, mêlés à une réunion de ce genre, font, sous la fenêtre d'une fiancée, une de ces tapageuses manifestations nocturnes appelées depuis *charivari*, et que les plus sévères établissements consulaires ne purent jamais empêcher. Au plus fort de ces cris de joie et de triomphe, une sonnette tinte, et aussitôt jeunes gens et jeunes filles suspendent leurs bruyantes clameurs, et l'on entend une voix grave et lente qui s'avance en criant : « Priez pour l'âme de

(1) Article 22, *Charte de Montpellier* du 15 août 1204.

messire ou maître un tel, qui vient d'aller de vie à trépas (1). »

Quel est ce nombreux cortége qui semble venir de l'église St-Firmin, dont la grosse cloche sonne à grande volée? Ce sont les maîtres, les parents et les amis d'un nouveau docteur en médecine, que l'on vient de recevoir avec une solennité analogue aux cérémonies pompeuses de l'ancienne chevalerie. Le récipiendaire, précédé de la Faculté en corps et en robes rouges, fourrées d'hermine, s'avance au son d'une musique criarde, revêtu des insignes de son grade. Son bonnet de drap noir, surmonté d'une houppe de soie cramoisie, sa ceinture dorée, la bague d'or qui brille à son doigt et le livre d'Hippocrate qu'il porte avec une respectueuse fierté, attirent sur lui tous les regards. Les dames et demoiselles, accourues en foule sur son passage, attendent qu'il vienne, suivant la coutume, leur offrir des gants, des dragées et des fruits confits.

---

(1) Le poëte St-Amand parle ainsi de cet usage, qui s'est maintenu à Paris jusqu'au règne de Louis XIV :

Le clocheteur des trépassés,
Sonnant de rue en rue,
De frayeur rend les cœurs glacés,
Bien que leur corps en sue;
Et mille chiens, oyant sa triste voix,
Lui répondent à longs abois :
« Lugubre courrier du destin,
Effroi des âmes lâches,
Qui si souvent, soir et matin,
Et m'éveille et me fâches;
Va faire ailleurs, engeance du démon,
Ton vain et tragique sermon. »

Aux abords de la Juiverie, un malheureux israëlite, pendu entre deux chiens, donne la mesure des violences exercées contre sa race maudite. Temps bizarre, où la foi la plus pure s'allie à tant de cruauté! Sur le parvis de Notre-Dame-des-Tables, les changeurs exercent leur métier en plein air derrière des tables de pierre ou *banques*, d'où leur est venu le nom de banquiers. Partout, devant les portes, dans les rues, les ouvriers et les artisans des deux sexes se livrent à leurs travaux divers. Le dimanche, l'industrieuse cité revêt un air de fête; dans l'intervalle des offices divins, les habitants, après avoir entouré de brillantes illuminations les sanctuaires domestiques de leurs madones, se rendent au Pré-Marie, sur le bord du Ribanson, où ils se livrent, au sein de la plus cordiale gaîté, aux exercices alors en usage : le mail, le noble jeu de l'arc ou du papegeai et le tir à l'arbalète. Souvent, enfin, une de ces interminables processions, si fort en vogue à cette époque, parcourant les différents quartiers, au milieu d'une atmosphère de fleurs, de parfums et de lumières, donne à la ville un aspect féerique, et témoigne des sentiments profondément religieux de la population montpelliéraine.

§ II. Situation politique de Montpellier; son importance à la fin du XIII° siècle. — Prise de possession de Montpelliéret par les officiers de Philippe le Bel (1293).

La transformation générale dont nous avons étudié et fait ressortir la haute et décisive importance, à la fin du XIII° siècle (1), s'est effectuée aussi à Montpellier, mais d'une manière plus palpable et bien plus éclatante que partout ailleurs. A part les germes qui se développaient lentement et dans l'ombre au sein de la démocratique cité, comme dans tout le reste de l'Europe, un fait d'une grande portée, la substitution du roi de France à l'évêque de Maguelone dans la juridiction immédiate d'une portion de la ville, vint accélérer le changement qui allait s'opérer dans son sein.

Jusqu'à cette époque, Montpellier avait vécu d'abord sous la domination des Guilhems, ses seigneurs, et ensuite sous l'autorité directe des rois d'Aragon et de Majorque ; mais une partie de la ville, désignée sous le nom de Montpelliéret (*la part antique* (2)), était restée entre les mains des évêques de Maguelone. Sous les rois d'Aragon, leur puissance temporelle fut, il est vrai, à peu près éclipsée ; mais ils n'en continuèrent pas moins à être de droit, sinon de fait, les suzerains des seigneurs de Montpellier. Cette circonstance n'échappa pas à la politique habile et prévoyante de Philippe le Bel. Il comprit que, s'il pouvait réunir à la couronne les droits féodaux des évêques de Maguelone, la ville entière serait bientôt sous sa domination exclusive. Aussi ne négligea-t-il rien pour arriver à ce résultat, qui, il faut le dire, était digne d'envie.

(1) Voir l'Introduction.
(2) Ainsi nommée dans la suite, parce qu'elle a appartenu la première aux rois de France.

A la fin du XIIIe siècle, en effet, Montpellier était la ville la plus importante du Languedoc. Elle était, dit Gariel (1), la principale et comme la clé de tout le commerce et du trafic des mers, par ses alliances et par ses puissances, et par conséquent la plus marchande du pays et la plus peuplée.

On l'appelait, avec juste raison, la *populeuse*, puisqu'elle comptait à cette époque plus de 60,000 habitants; Pierre Clément élève même ce nombre à plus de 100,000 (2). Elle était, du reste, à l'apogée de sa grandeur politique, scientifique et commerciale. Illustre par la brillante renommée de ses écoles de droit et de médecine, concentrant dans ses murs, *grâce au beau et bien commode port de Lattes*, tout le commerce extérieur de la France (3); riche par ses nombreux corps de métiers et la grande variété de ses travaux industriels, elle s'administrait librement par l'organe de ses consuls et formait une véritable république indépendante, sous l'autorité nominale

---

(1) *Idée de la ville de Montpellier, recherchée et présentée aux honnêtes gens.*

(2) *Jacques Cœur et Clément VII*, t. I, p. 42.

(3) Causes de la décadence de Narbonne : Montpellier était, en effet, la vraie et seule rivale de Narbonne. Dès le XIIIe siècle, centre du commerce intérieur, elle communiquait, par la rivière du Lez et les étangs, avec la mer, où tantôt quatre, tantôt deux graus, comblés ou dégagés tour à tour par les vents, s'ouvraient aux arrivages affluant de toute part.

(*Hist. du comm. marit. de Narbonne*, par G. Port.)

des rois d'Aragon et de Majorque. On comprend combien la possession d'une telle ville devait exciter la convoitise du roi de France, qui, en acquérant Montpellier, reculait ses frontières jusqu'à leur limite naturelles au midi, la Méditerranée.

A force de ruses et de négociations, Philippe le Bel parvint à décider l'évêque de Maguelone, Bérenger de Frédol, à lui céder, *moyennant* 500 *livres de rentes,* le fief épiscopal de Montpelliéret, avec tous les droits y attenants.

Tel est le fait, simple en apparence, mais capital par ses résultats, qui ouvre une nouvelle période de l'histoire de Montpellier. Il précède de deux années seulement la naissance du grand saint dont nous allons raconter la vie; il en est la préface naturelle. Grâce à cette acquisition, saint Roch peut être doublement revendiqué par nous, comme compatriote et comme Français. Par l'acte de cession de 1293, le roi de France n'est pas encore seigneur de cette ville, mais il ne tardera pas à le devenir. En 1349, Philippe de Valois, complétant l'œuvre du roi-négociant, enlèvera le reste de la cité à la maison d'Aragon. Déjà, en 1293, Philippe IV est, en principe, véritable seigneur de Montpellier, et, de ce jour, la démocratique commune a perdu sa liberté et son indépendance. Elle est désormais française avant tout. Le vrai souverain pour nous, à partir de là, dit M. Germain, c'est le roi de France.

Il ne sera donc pas sans intérêt, pour l'intelligence des faits qui vont suivre, de raconter tout d'abord cette prise de possession dont les détails historiques sont la peinture la plus intéressante et la plus fidèle des mœurs de cette curieuse époque.

Le mercredi après la quinzaine de Pâques de l'an 1293, Alphonse de Rouvrai, sénéchal de Beaucaire, délégué par le roi de France pour le représenter dans cette occasion, se rendit à Montpellier, accompagné des principaux seigneurs, officiers, chevaliers et barons de la sénéchaussée. Dès le matin, quatre hérauts, à la livrée de Philippe le Bel, parcoururent à son de trompe les rues de la ville, en répétant à chaque carrefour la proclamation suivante : « Chrétiens et habitants de Montpellier, votre bien-aimé seigneur suzerain, évêque de Maguelone, et le sire Alphonse de Rouvrai, sénéchal de Beaucaire, vous font savoir que cejourd'hui, à midi, ils se réuniront en l'église des Frères mineurs (1), pour procéder à l'échange définitif de ladite suzeraineté en faveur du très-illustre sire roi de France, Philippe IV du nom, et y recevoir, au nom dudit seigneur et roi, le serment d'hommage et de fidélité de tous ceux à qui il appartiendra. Que Dieu vous conduise et prête longue vie! »

Cette grande nouvelle se répandit bientôt jusqu'aux extrémités les plus reculées de la ville.

---

(1) Ce remarquable couvent, l'un des édifices les plus vastes de Montpellier, était situé dans la rue du Faubourg-de-Lattes, à l'emplacement qu'occupe aujourd'hui le temple des protestants.

Le peuple déserta son travail, les marchands abandonnèrent leurs boutiques, les bourgeois fermèrent leurs porches sculptés, pour se diriger vers la porte de Lattes, curieux d'assister à une cérémonie aussi solennelle.

Bien avant l'heure indiquée, une foule bariolée et bruyante se pressait aux abords de l'élégant édifice. Des groupes nombreux et animés s'étaient déjà formés le long des rues et dans les carefours : ici de riches bourgeois dont les surcots de drap écarlate, vermeil ou vert de Bruxelles, laissaient apercevoir, par des fentes habilement ménagées des deux côtés de la cote-hardie, une magnifique ceinture qui retenait des braies aux vives couleurs, causaient entre eux avec un air de grave et soucieuse importance ; là des ouvriers et des serfs discutaient d'un ton plus bas et plus modeste, qui semblait s'harmoniser avec la couleur sombre de leurs costumes grossiers, parfaitement appropriés aux exigences d'un travail manuel ; plus loin, de jeunes seigneurs en coniques chapeaux de feutre, ornés soit d'une houppe de pourpre et d'or, soit d'un lambeau de soie ou de velours, tenaient le haut du pavé et repoussaient avec rudesse les manants qui s'attroupaient autour d'eux. Quelques-uns, dont la poitrine était recouverte d'armoiries brodées en soie ou en laine, se distinguaient plus facilement encore de la foule à leurs gants de peau de chèvre, ou au masque de taffetas qui protégeait leur visage.

D'autres, malgré la saison avancée, étaient enveloppés dans de grands manteaux à la royale, ainsi nommés parce que Philippe le Bel venait de les donner comme insigne à ses officiers des parlements de Paris et de Toulouse. Cet ample vêtement, dont les plis étaient relevés derrière par une épée richement ciselée, devant par les pointes bizarrement ornées de ces extravagantes chaussures à la poulaine, qu'une chaîne d'or venait même quelquefois rattacher au genou, était le plus souvent en drap pers ou tanné, ou marbré de Flandre, avec un collet d'hermine ou de martre, taillé en guise de pèlerine.

Les dames et damoiselles, en vraies filles d'Ève, étaient accourues aussi avec un inexprimable empressement. Prévoyant que de hauts et puissants personnages assisteraient à cette réunion, elles avaient revêtu leurs plus séduisantes parures. Or, à la fin du XIIIe siècle, l'ajustement d'une bourgeoise de Montpellier dépassait, en richesse et en élégance, tout ce que nos âges industrieux et civilisés ont pu inventer depuis (1). Leurs robes de soie ou de camelot, parfois de laine de Tunis, à boutons d'or et d'émail, étaient le plus souvent enrichies de broderies, de perles et de fourrures. Une sobre veste d'étoffe précieuse, serrée à la taille, accusait de gracieux contours,

(1) Il faut remarquer toutefois que la plus riche bourgeoise d'alors n'avait qu'une toilette habillée, qui durait de longues années, tandis que la moindre dame de nos jours en a dix, et en fait de nouvelles à chaque saison. Aussi ne comparons-nous pas les garde-robes, les trousseaux, mais l'ajustement, la toilette extérieure.

moëlleusement perdus dans les plis d'une large chappe, dont les manches ouvertes et pendantes laissaient apercevoir la somptueuse doublure de menu-vair ou de petit-gris. Toute l'habileté de la coquetterie féminine se retrouvait surtout dans la coiffure, dont les inépuisables variétés laissaient le champ libre aux plus originales innovations. Tantôt de simples filets de soie, ou crépines, accompagnés d'un chapelet de perles ou d'un voile, retenaient des flots de cheveux qui semblaient toujours prêts d'échapper; tantôt des frontaux d'argent ou d'or, ornés de rosaces et de pierreries, en surmontaient l'élégant édifice; tantôt, enfin, des chapeaux de soie ou de velours, en forme de mortier, brodés de paillettes et de filigranes, et ombragés par des bouquets de plumes aux vives couleurs, les abritaient des injures de l'air. Ce luxe débordant, cette passion ruineuse d'or, de joyaux et de fourrures, que d'incessantes ordonnances somptuaires ne purent parvenir à maîtriser, contrastaient singulièrement avec la soutane noire et le bonnet carré des étudiants, et avec le surcot de laine grossière et le couvre-chef de toile blanche des femmes de métier et de servage.

L'esprit de foi, de simplicité et de candeur d'un passé bien récent encore, et déjà presque disparu, était représenté, dans cette société si avide d'une civilisation corruptrice, par les moines Carmes, Dominicains, Mineurs et Augustins, uniformément vêtus de bure blanche ou brune. Quelques-uns avaient même conservé ces pittoresques et symboliques ornements dont le moyen âge était si prodigue. C'étaient, à Montpellier, les frères pontifes (*fratres pontis*), régularisés par le pape Célestin III, pour la construction des ponts et le service des hôpitaux (1); et les frères des écoles de la Miséricorde, institués par Jacques de Rome, en 1309. Ces derniers portaient, à l'extrémité de la cornette du capuce, une clochette, emblème de l'hospitalité, et l'on voyait sur leur poitrine la *portraiture* de deux orphelins, surmontée par les clés de saint Pierre. Les premiers, qui donnèrent leur nom à l'une des rues les plus fréquentées de la ville, dessinaient en général, sur leur large tunique, un pont en construction.

Ce rapide aperçu de la population montpelliéraine serait incomplet si on n'y joignait des juifs, alors si nombreux dans cette ville commerçante, et dont l'air honteux et préoccupé les désignait aussi facilement que la cocarde, mi-partie rouge et blanche, qui s'épanouissait sur leur vêtement.

Que de bizarres observations, de réflexions sensées, d'opinions curieuses, de sentiments divers, et de folles ou de judicieuses conjectures devaient exprimer et échanger ces individus de tout âge, de tout sexe et de toute condition? Les uns, seigneurs et châtelains, ne voyaient dans cet événement, dont les conséquences furent si fécondes, qu'une vaine et intéressante

(1) Le pont d'Avignon a été bâti par leur fondateur, le pape Bénézeth, que l'Église a mis au rang des saints.

cérémonie; d'autres, les travailleurs et les bourgeois, en désiraient ou en redoutaient les conséquences immédiates; les juifs penchaient pour ce dernier sentiment, et les clercs, enveloppés dans leur chape ronde, semblaient en proie au découragement et à la tristesse..... La suzeraineté de l'évêque allait passer au roi de France!...... Chacun exprimait sa pensée avec cette fougue d'imagination, cette volubilité de paroles et cette pétulance de mouvements particuliers aux habitants des pays méridionaux. Cette foule, avide de spectacles, parlait, criait, remuait, gesticulait, se livrait, en un mot, aux fébriles agitations de l'incertitude et de l'attente.

C'est qu'une prise de possession était un événement d'une haute importance à cette époque, surtout lorsqu'elle devait avoir lieu au nom du roi de France, du petit-fils de saint Louis! Aussi un frémissement de plaisir parcourut-il ces masses de curieux, lorsque le cortége parut à l'extrémité de la rue du faubourg de Lattes. Ces hommes, si bruyants et si animés jusqu'alors, se rangèrent aussitôt en silence le long des murailles, tandis que les plus habiles et les plus pressés se précipitaient dans l'église, dont la triple nef fut rapidement envahie. Par respect pour la sainteté du lieu, et suivant un usage général alors, on avait voilé le maître-autel et séparé la nef du chœur au moyen de hautes draperies. Sur des siéges magnifiques, adossés à ces tentures, se placèrent d'abord l'évêque de Maguelone, revêtu de ses habits pontificaux et entouré de ses chanoines, le capuce rouge en tête et la croix d'or sur la poitrine, puis le sénéchal de Beaucaire, escorté d'un grand nombre d'officiers et de seigneurs des environs. Immédiatement au-dessous d'eux se rangèrent le bayle, vêtu d'une longue robe de drap brun, bordée de fourrures noires et serrée à la ceinture par une corde de laine, suivi de ses sergents ; à droite de l'estrade, et sur des bancs recouverts de moëlleux tapis, les officiers du roi de Majorque, seigneur de Montpellier ; à gauche, les consuls de la ville (précédés de leurs escudiers ou sergents), en dalmatique rouge, fourrée d'hermine, tenant chacun à la main un bâton d'ivoire, surmonté d'une petite statue de la Vierge. Parmi ces derniers on remarquait un majestueux vieillard, dont l'imposante stature et la physionomie noble et vénérable inspiraient l'attention et le respect : c'était Jean Roch de la Croix, le représentant d'une des familles les plus illustres et les plus considérables de Montpellier au moyen âge, qui devait être, peu de temps après, le père de l'immortel pèlerin dont nous écrivons l'histoire (1).

Au centre de l'espace demi-circulaire formé par les gradins réservés, se dressait un énorme pupitre en forme de dragon, sur les ailes duquel reposait un riche manuscrit des Évangiles, dont le texte noir se dessinait dans des flots d'arabesques dorés et de peintures éclatantes. En face

---

(1) V. pièces justificatives, VI. — Généalogie de la maison de la Croix de Castries.

étaient deux siéges, destinés, l'un au procureur du roi de France, l'autre au lieutenant du roi de Majorque.

Un silence religieux s'établit bientôt dans cet impatient auditoire. Le procureur du roi de France, Pierre de Béziers, se leva sur un signe du sénéchal et lut une longue déclaration, par laquelle il notifiait aux officiers et représentants du roi de Majorque et aux habitants de Montpelliéret et de Montpellier, tous vassaux ou vavassaux du seigneur suzerain de Montpelliéret, que le révérend Bérenger de Frédol, évêque de Maguelone, comte de Melgueil, seigneur de Montpelliéret, avait transmis, échangé et aliéné, en faveur du très-haut et très-puissant Philippe IV, roi de France, la juridiction temporelle de Montpelliéret (1), et qu'en conséquence tous les feudataires de ladite seigneurie devaient dorénavant au susdit sire roi de France le serment de foi et hommage, ainsi que le service de guerre. Il déclara, en outre, que cet échange ayant été notifié au très-glorieux Jayme II, roi de Majorque, celui-ci avait prêté personnellement le serment d'hommage, et avait délégué le chevalier Bermund de Montferrier, son lieutenant royal à Montpellier, pour prêter publiquement et en son nom celui de fidélité, et qu'en conséquence il sommait ledit chevalier de jurer fidélité au roi

---

(1) Voir ce contrat d'échange, publié *in extenso* par A. Germain, dans les pièces justificatives de l'*Hist. de la comm. de Montp.*, t. II, p. 354.

de France, au nom de son maître et seigneur.

Immédiatement après la lecture de ce volumineux réquisitoire, dont nous avons reproduit brièvement le sens, l'évêque et le sénéchal, s'étant levés, se donnèrent le baiser de paix comme ratification publique du traité. Aussitôt après, le chevalier Bermund s'avança, tête nue et sans épée, jusqu'au pied du siége où se trouvait le sire Alphonse de Rouvrai, et, posant la main droite sur l'Évangile et la gauche entre celles du sénéchal, il prononça, d'une voix ferme et saccadée, le serment suivant : « Moi, chevalier Ber-
» mund de Montferrier, lieutenant royal de très-
» haut, très-glorieux et très-puissant Jayme II,
» roi de Majorque, mon maître et seigneur, et en
» son nom je vous déclare à vous, mon suzerain,
» pour la seigneurie de Montpellier, que dès ce
» jour je serai fidèle et loyal envers vous de vie
» et de membre, et je vous porterai foi de ladite
» seigneurie, que je tiens de vous, et que je vous
» ferai loyalement les coutumes et services que
» je vous dois faire, aux termes assignés. Que Dieu
» et les saints Évangiles me viennent en aide ! »
Et, en disant ces mots, il baisa le livre divin.

Dès que le silence, un instant interrompu par les murmures approbateurs de l'assemblée, se fut rétabli, Pierre de Béziers proclama publiquement les noms des nouveaux officiers chargés de rendre la justice au nom de Philippe le Bel; mais, ceux-ci étant venus prêter le serment d'usage, le chevalier Bermund se leva, ainsi que le bayle Bauzili et le procureur du roi de Majorque,

Étienne Sabors, et ils protestèrent hautement contre la conduite du roi de France, comme attentatoire aux droits du seigneur Jaymé. Une violente discussion s'engagea entre les représentants des deux rois, mais le bruit en fut couvert par les acclamations du peuple, qui, avec son instinct prophétique, sanctionnait la légitimité de cette mesure et en assurait l'avenir par ces cris mille fois répétés : « Noël! Noël! Vive le » roi Philippe IV! Vive le petit-fils de saint Louis! » Vive le nouveau seigneur *de Montpelliéret !* »

CHAPITRE II.

Naissance de saint Roch. — Son enfance. — Présages de sainteté.

A l'issue de la cérémonie que nous venons de raconter, le peuple se divisa en deux parties : les uns suivirent le sénéchal, l'évêque de Maguelone et les nouveaux officiers du roi de France jusqu'à la salle l'Évêque, centre de la juridiction de Montpelliéret; les autres accompagnèrent les consuls et le bayle, précédés de leurs sergents et ménétriers, qui se dirigèrent vers l'hôtel de ville. Après avoir traversé la rue et la porte d'Obilion ou de Lattes, et la rue de la Fusterie, ces derniers s'arrêtèrent devant une maison de modeste apparence, qui faisait l'angle formé encore aujourd'hui par les rues modernes du Cardinal et des Trésoriers-de-France. Les rares ornementations qui décoraient l'extérieur de cette calme et silencieuse demeure portaient l'empreinte de la foi et de la piété. Un grossier et naïf bas-relief, représentant deux anges en adoration au pied d'une croix, surmontait l'arceau à deux reprises de la porte, s'ouvrant comme d'ordinaire sur l'un des côtés de l'édifice, et élégamment encadrée par deux piliers massifs. Des sculptures (ymagines) du même style, inspirées par le même sentiment religieux, se retrouvaient, à différents intervalles, sur la haute mais étroite façade, et en particulier à l'extrémité des poutrelles qui soutenaient un long toit en forme d'auvent. Une niche gothique, protégée par la gracieuse toiture du pignon qui joignait les deux murs, renfermait une véritable petite chapelle dédiée à la sainte Vierge, dont la statue dorée resplendissait d'un vif éclat. Enfin une étoupe imbibée d'huile, brûlant nuit et jour, dans une cage de fer placée à la base de ce sanctuaire domestique, jetait sur l'ensemble de ce pieux tableau les vagues reflets d'une flamme pâle et vacillante.

Telle apparaissait, en 1293, cette maison, devenue si célèbre depuis par la naissance de l'illustre patron de Montpellier (1). C'était déjà

---

(1) Cette maison a été dénaturée par des constructions modernes; il n'en reste aujourd'hui que le puits intérieur, où les personnes pieuses viennent en foule, le jour de la fête du saint (16 août), puiser de l'eau *, qu'elles regardent comme un préservatif salutaire contre la fièvre et le choléra.

Au moment où nous écrivons ces lignes (17 août 1854), les sentiments de foi et de religieuse confiance, ravivés dans les cœurs des Montpelliérains par une nouvelle apparition du choléra, ont attiré à ce puits une foule tellement compacte et impatiente, que l'autorité s'est

* D'après une convention conclue entre l'autorité municipale et le propriétaire de cette maison, ce dernier et ses successeurs sont tenus, à perpétuité, de laisser le passage libre aux citoyens de Montpellier, pendant toute la journée du 16 août, pour aller chercher de l'eau au puits de saint Roch.

une demeure vénérée, car elle appartenait à l'un des principaux personnages de la ville, le vertueux Jean de la Croix, dont la piété, la science et l'inépuisable charité avaient attiré sur lui l'affection et l'estime de ses concitoyens.

Dans ces temps d'enthousiasme et de simplicité, que l'on n'a pas craint d'appeler barbares, le mérite était publiquement honoré, et le peuple savait, comme par instinct, lui décerner la plus douce et la plus flatteuse des récompenses. Ce nombreux cortége qui venait, précédé de ses magistrats, reconduire jusqu'au seuil de son habitation un citoyen éminent, et rendre ainsi hommage à ses talents et à ses vertus, n'était pas un événement isolé et exceptionnel. Les manifestations de ce genre se reproduisaient souvent au moyen âge, et rien ne devait contribuer davantage à maintenir dans tous les rangs de la société une louable émulation. Le vieux Roch, malgré son humilité, ne put se défendre d'une émotion bien naturelle en se séparant de ses collègues. Son visage prit une indicible expression de reconnaissance, lorsque, arrivé sur la petite plate-forme de l'escalier qui conduisait au premier étage, il remercia d'un geste plein de grâce et de dignité ses concitoyens de cette nouvelle marque de

vue obligée d'intervenir pour régler la distribution de l'eau miraculeuse, afin de prévenir d'inévitables accidents. Autrefois, et jusqu'à la révolution de 1793, les Trinitaires de Montpellier s'y rendaient en procession, et y chantaient l'antienne : *Ave, Roche sanctissime.*

sympathie. Tirant aussitôt la cliquette d'une petite porte jaune, il se déroba à l'expression de leur respect, et, tandis que le cortége continuait sa marche tumultueuse jusqu'à l'hôtel de ville, il alla trouver sa vertueuse épouse, que des habitudes presque monastiques retenaient constamment dans l'intérieur de son habitation. Libère, d'un âge assez avancé, présentait, dans l'ensemble de sa physionomie, ce double caractère de modestie et de sérénité dont la femme chrétienne est le type exclusif (1). En détaillant ses traits, amaigris par l'âge et par les abstinences, on eût été frappé sans nul doute de ce masque vulgaire et disgracieux ; et pourtant la douceur de son regard, la chasteté de ses mouvements, la pieuse résignation de sa pose lui donnaient un charme inexprimable, inconnu aux artistes de l'antiquité païenne. Ses formes raides et anguleuses étaient ennoblies et comme poétisées par la suavité du sentiment chrétien, qui l'entourait de sa divine auréole. Le génie de la prière semblait purifier, amoindrir et même faire disparaître complétement l'irrégularité de son

(1) Libère*, à qui Dieu pleust, d'un céleste don,
Distiller dans son cœur, verser dedans son âme,
Des plus belles vertus la princesse et la dame :
Ce fut cette vertu, vertu d'humilité,
Qui ornait la candeur de sa pudicité.

JEAN FERMELUYS, escrivain et maistre d'escolles, *Poëme spirituel*, contenant l'histoire de la vie, mort et miracles de saint Roch, avec plusieurs odes, etc. (Paris, 1619.) Voir note 1, sur les biographes de saint Roch.

* Elle était fille de la maison de Hongrie. — V. pièces justificatives, VI.

visage. Elle présentait, au plus haut degré, un exemple de cette transfiguration mystérieuse qu'on remarque sur de saintes figures, où les habitudes de l'âme finissent par imprimer aux traits les plus rudes et les plus désagréables une expression particulière de douceur et de bonté.

C'était bien là, selon une magnifique expression de Lamartine, *le vase choisi dans lequel devait se mouler une nature d'élite,* le héros de l'humilité et de la charité chrétiennes, le Vincent de Paul du XIVe siècle! Libère était bien la digne compagne de ce vénérable vieillard, aussi remarquable par sa sagesse et par sa piété que par sa profonde instruction et son intelligence parfaite des affaires. Élu à diverses reprises consul de Montpellier, Roch avait toujours montré, dans l'exercice de ces hautes fonctions, comme dans les moindres actes de sa vie privée, cette modestie et cette bienveillante affabilité qui caractérisent les natures supérieures et rehaussent singulièrement leurs éminentes qualités. Il avait pour sa fidèle épouse une de ces affections profondes et vivaces, spiritualisées par le christianisme, qui deviennent plus rares chaque jour. Au moyen âge, en effet, la piété la plus fervente et la plus austère se rencontrait souvent unie aux sentiments humains, et lorsqu'une fois la religion leur avait apposé le sceau de son immortalité, il s'y manifestait, comme le fait si bien observer M. de Montalembert (1), on ne sait

---

(1) *Vie de sainte Élisabeth.*

quelle force intime et merveilleuse et une sorte d'ineffable transfiguration, où venaient se réunir à la fois le calme de la durée et la fraîcheur de l'innocence, toute l'énergie de la passion avec toute la pureté et la grandiose simplicité de la religion catholique.

La famille Roch occupait depuis longues années, à Montpellier, un rang distingué, une position considérable. Estienne de la Croix, père de Jean et petit-fils du célèbre Jean de la Croix, souche de la famille, fut envoyé, comme ambassadeur, à Rome et à la cour de France. Guillaume Roch de la Croix, son frère, était amiral de Majorque ; il devint, plus tard, premier ministre de cet État, et enfin, gouverneur ou *vice-roi* de Montpellier (1). Il est rare, en effet, que le génie soit isolé dans une famille ; il y montre presque toujours des germes avant d'y faire éclore un fruit consommé. En remontant de quelques générations dans une race, on reconnaît, à des symptômes précurseurs, le grand homme que la nature semble y préparer par degrés. Elle élabore longtemps et sourdement ses chefs-d'œuvre dans l'humanité, comme dans les minéraux et les végétaux. L'homme est un être successif, qui retrace

---

(1) Voir pièces justificatives, VI. Généalogie de la maison de la Croix. — Ce précieux document, que nous publions *in extenso*, donne enfin l'explication de l'*origine princière de saint Roch*, dont parlaient presque tous les hagiographes, et qu'aucun d'eux n'avait pu sérieusement motiver. (V. Germain, t. III, p. 275.)

et contient peut-être, dans une seule âme, les vertus des âmes de cent générations (1). Il en devait être ainsi pour saint Roch, dont la venue semble avoir été dès longtemps préparée.

Les âmes pieuses aiment même à reconnaître, dans les circonstances qui entourèrent sa naissance, des signes manifestes de l'intervention divine. Quoique parvenus tous les deux à un âge déjà très-avancé, Roch et sa femme n'avaient point d'enfants et ne pouvaient espérer, suivant les prévisions humaines, de se voir revivre dans un rejeton de leur nom et de leurs vertus. Ils acceptaient avec résignation cette cruelle épreuve. L'humilité de Libère lui interdisait même d'élever jusqu'au divin Maître l'expression de ses désirs et de ses vœux. Sa stérilité était pour elle une punition céleste qu'il plaisait au Seigneur de lui infliger en expiation de ses péchés; elle la subissait sans murmurer. Cependant il entrait dans les desseins secrets de la Providence de récompenser tant d'abnégation et de vertus.

Par une chaude journée du mois d'août 1294, ce couple béni de Dieu était réuni, comme d'habitude, dans la spacieuse salle octogone, voûtée en croisée d'ogive, qui occupait le premier étage de la maison, oubliant, dans la méditation et la prière, les misères et les déceptions de ce monde. Vêtue d'une simple robe de serge noire, légèrement rétrécie vers le milieu du corps, et coiffée d'un couvre-chef de toile à larges

---

(1) LAMARTINE, *Vie de Cicéron.*

ailes, qui retombaient sur ses épaules, Libère filait en silence, assise sur un lourd escabeau de chêne, près de la double fenêtre à meneaux croisés et chamfrainés, dont les petits carreaux plombés et les fines dentelures laissaient à peine pénétrer quelques brûlants rayons d'un soleil méridional. Dans le fond de cette vaste pièce, meublée de trois ou quatre siéges, d'un énorme bahut, d'un ôte-vent et de quelques images de sainteté, se détachait la tête vénérable du vieux Roch. Cette imposante figure, encadrée dans une épaisse et soyeuse barbe blanche, ressortait avec vigueur sur le fond rouge-brun d'un long surcot, fourré de vair, dont la coupe étroite, en forme de fourreau, s'harmonisait parfaitement avec l'austérité de sa physionomie. Assis sur un large fauteuil en racine d'olivier, dont les bizarres ornementations étaient presque complétement cachées par les plis traînants de ses sombres vêtements, Jean tenait à la main un volumineux manuscrit couvert d'enluminures et d'arabesques en or et en couleur, dont la pesante reliure de noyer, revêtue de velours bleu, était défendue de chaque côté par six clous dorés, représentant les douze apôtres (1). D'une voix vibrante et harmonieuse, il lisait quelques passages de l'histoire

---

(1) Au moyen âge, dit M. Louis Veuillot, la Bible était peinte, sculptée, commentée partout. On en connaissait les héros et les personnages; le peuple était en quelque sorte nourri de ces augustes souvenirs.

(*Droit du seigneur au moyen âge.*)

sacrée, et ne s'interrompait de temps à autre que pour les commenter par de savantes réflexions. Libère écoutait dans un attentif recueillement les magnifiques paraboles du livre de Dieu.

Au moment où commence cette scène, Roch venait d'achever le premier chapitre de l'Évangile selon saint Luc, sur la naissance de saint Jean-Baptiste. Une vive émotion animait sa physionomie, d'ordinaire calme et impassible ; il garda le silence pendant quelques instants ; ses yeux, levés au ciel, semblaient y chercher une inspiration. « Femme, s'écria-t-il tout à coup, si
» nous adressions d'ardentes supplications au
» Dieu tout-puissant et à la Vierge Marie, peut-
» être daigneraient-ils nous accorder un fils,
» comme ils le firent pour Zacharie et Élisabeth ! »
Libère, surprise de tant de hardiesse, lui répondit « qu'elle ne se croyait pas digne d'une si in-
» signe faveur, car, à son âge, il ne fallait rien
» moins qu'un miracle pour qu'elle pût devenir
» mère ! » — « La puissance du Seigneur est
» infinie, reprit le pieux gentilhomme ; celui qui
» nous a tirés du néant peut réaliser d'un seul mot
» les plus incroyables merveilles. Ton humilité et
» ta résignation, mises à l'épreuve depuis tant
» d'années, ont fléchi la rigueur de Dieu ; j'ai la
» confiance qu'elle va enfin s'apaiser, et que sa
» miséricordieuse bonté nous accordera ce fils
» tant désiré. A genoux, femme, à genoux ! im-
» plorons le divin Jésus et sa bienheureuse Mère ;
» tâchons, par nos incessantes prières, d'obtenir
» cette grâce. »

Aussitôt, mus et comme transportés tous les deux par un esprit invisible, ils se prosternèrent, et, d'une voix inspirée, le vieux consul prononça ces paroles (1) : « O toi, père de toutes choses!
» et toi, reine du monde, ô bénoîte Vierge Marie,
» seul espoir des mortels, doux et agréable re-
» fuge de tous les affligés! nous implorons ton
» secours, nous qui sommes tes serviteurs, nous
» qui n'avons d'espérance que dans ta pitié et
» dans ta compassion pour nous. Ne nous aban-
» donne pas et daigne exaucer nos vœux, si tou-
» tefois cela peut avoir quelque avantage pour
» la gloire de ton divin Fils et de la république
» chrétienne. Nous désirons un enfant, non pas
» pour qu'il augmente notre patrimoine, ac-
» quière de nouvelles richesses et vive humai-
» nement selon son caprice et ses désirs mortels,
» mais afin qu'il donne ses biens aux pauvres,
» qu'il te serve fidèlement, qu'il prêche les
» louanges et la gloire du Dieu tout-puissant, et
» qu'il ne craigne pas de subir la mort pour
» étendre la renommée de ton nom. » Avant de se relever, ils firent vœu de brûler deux cierges bénis devant *la majesté antique de Notre-Dame des Tables* (2), le jour prochain de la fête de ses

---

(1) Cette prière est traduite textuellement de F. Diedo.

(2) On appelait ainsi une statue en bois, de couleur noire, en grande vénération à Montpellier, et qui, d'après la tradition, avait été descendue du ciel par les anges, et apportée de la Terre Sainte, lors des croisades, par l'intermédiaire des Guillems.

miracles ; d'y venir *vigeoler* (prier), le 31 août, après avoir suivi la procession solennelle, et d'y *vigeoler* pendant les huit jours de l'octave, jusqu'au 8 septembre, jour de la Nativité. Ils attendirent désormais, avec une fiévreuse impatience, l'anniversaire de cette fête, la plus grande solennité annuelle de Montpellier au moyen âge.

La magnifique église communale de Notre-Dame-des-Tables (1) était, à cette époque, l'un des sanctuaires les plus renommés de l'Europe méridionale. Les *ex-voto* appendus à ses murailles constataient les nombreux miracles qui en firent, pendant les XIIIe et XIVe siècles, le but d'incessants pèlerinages. Aussi la fête populaire du 31 août était-elle célébrée chaque année, à Montpellier, avec un luxe et une pompe inouïs. Les douze consuls de la ville, *en leurs robes rouges, pavillon, luminaire et ménestriers;* les ouvriers de la commune clôture, les consuls de mer, les divers corps de métier, chacun précédé de sa bannière et de ses pennons, et les officiers publics, en compagnie des principaux bourgeois de la cité, se rendaient, dès le matin, tenant chacun à la main une torche aux armes de la ville (2), dans

(1) Située à l'emplacement qu'occupe aujourd'hui le lourd et prosaïque marché aux colonnes.

(2) Ces armes, incontestable témoignage de l'antique dévotion de Montpellier envers la Mère de Dieu, représentaient : « d'azur, au trône antique d'or; une Notre-Dame de carnation assise sur le trône, habillée de gueule, ayant un manteau au champ de l'écu, tenant l'enfant Jésus aussi de carnation ; en chef à destre un A,

la célèbre et élégante basilique. A cet immense cortége, grossi par les flots d'une population empressée, venaient se joindre le clergé des églises paroissiales et des chapelles, les ordres religieux et les diverses confréries.

Ce jour-là l'église était resplendissante de toutes ses beautés : c'était une profusion de fleurs, de verdure, de riches tapis, de serges éclatantes enroulées autour des piliers, et de lumières disposées en faisceaux, en guirlandes, en couronnes et en étoiles, dont l'ensemble féerique éblouissait tout d'abord. Les odorantes fumées de l'encens brûlant à la fois dans des vases d'or disposés autour de l'autel, et dans les encensoirs, balancés incessamment par les jeunes clercs, qui venaient deux à deux s'agenouiller devant l'image vénérée, noyaient ces brillantes splendeurs dans les bleuâtres ondulations de leurs nuages parfumés. Après le service divin, cette foule innombrable sortait, dans l'ordre et le recueillement, de la vaste nef de Notre-Dame, précédant l'évêque de Maguelone, qui, revêtu de ses plus magnifiques habits pontificaux, portait entre ses mains la majesté antique de Notre-Dame des Tables.

Les deux époux suivirent la procession dans ses pérégrinations tortueuses, et lorsque, la cérémonie terminée, la foule se fut écoulée lentement, ils restèrent seuls dans l'église, pros-

et à senestre un Ω d'argent; en pointe, un écusson aussi d'argent, chargé d'un tourteau de gueule, » avec cette légende ; *Virgo mater, natum ora, ut nos juvet omni horâ.*

ternés au pied du magnifique autel dédié à la Mère du Sauveur. La Vierge noire, assise sur un trône à côté de son divin Fils, qui la couronnait, occupait le centre d'un splendide rétable d'argent doré, représentant en bas-relief, d'un côté, les quatre saints, Pierre, Jacques, Jean-Baptiste et Blaise; et, de l'autre côté, les quatre saintes, Madelaine, Catherine, Lucie et Florence (1). Jean et sa femme implorèrent de nouveau la protection de Marie, et, pendant les huit jours de l'octave, ils revinrent adresser leurs ferventes supplications à Notre-Dame de Montpellier, aux pieds de laquelle ne cessaient de brûler les deux énormes cierges qu'ils lui avaient voués. Enfin, le jour de la Nativité de la Sainte Vierge, Libère, plongée dans une extase mystique, finissait à peine sa prière habituelle, lorsqu'elle crut voir la statue vénérée lui faire signe que ses vœux seraient accomplis (2). Aussitôt elle se retourna vers son époux, qui, ayant aperçu de son côté le geste miraculeux, ne pouvait contenir l'expression de sa reconnaissance. Leur âme se répandit en actions de grâces, et ils rentrèrent chez eux pleins de confiance dans la promesse de la Vierge divine, qui leur avait manifesté sa volonté d'une manière si miraculeuse.

(1) *Les Maîtres de pierre de Montpellier*, par Renouvier et Ricard.

(2) L'auteur anonyme des *Acta breviora* raconte même qu'on entendit une voix angélique prononcer ces paroles : « O Libère ! Dieu a entendu ta prière, et il t'accorde la grâce que tu lui demandes avec tant de ferveur. »

Bientôt après, Libère conçut. Elle se tenait cachée pendant les premiers mois de sa grossesse, répétant les paroles d'Elisabeth : « C'est donc » ainsi que le Seigneur en a usé envers moi, » quand il m'a regardée pour me tirer de l'op- » probre où j'étais devant les hommes, à cause » de ma stérilité (1) ! »

Cependant, le temps auquel Libère devait accoucher étant venu, elle mit au monde un fils à la grande surprise de ses parents et de ses voisins, qui virent bien dans cet événement la protection de la Mère du Sauveur (2).

Comme Isaac, Joseph, Samuël, Jean-Baptiste et la divine Marie elle-même, mis au monde par des femmes stériles, le bienheureux Roch, par sa naissance étonnante, fit présager ce qu'il serait un jour. La joie des deux époux n'avait plus de bornes ; ils en témoignaient leur reconnaissance à la Vierge et à son Fils par de continuelles actions de grâces. Une nouvelle circonstance, toute prophétique, vint augmenter encore leur félicité. L'enfant, qui était d'une beauté admirable, avait, dit F. Diedo, sur le *côté gauche de la poitrine, une croix rouge profondément incrustée dans la chair* (3).

(1) *Saint Luc,* chap. 1, vers. 5.
(2) *Nos verò, qui sacram Ecclesiam imitamur, sic Rochum genitum arbitramur ut Joannem-Baptistam, ex Elisabeth et Zachariæ, senio jam confectis, divino afflatu, eorum bonitate et erga Deum fide, genitum fuisse credimus.* (Diedo).
(3) *Is in cute crucem (quæ rubra erat), impressam*

> .... Au jour de son estre,
> Fut veu avoir empreint à son côté senestre
> Le caractère sainct de la très-saincte croix.....
> ....
> ....
> .... Comme il grandissoit
> Et de corps et d'esprit, de mesme s'augmentoit
> Cette croix qu'il avait en son côté senestre (1).

Jean et Libère, saisis d'étonnement et de respect, ne doutèrent plus des desseins de Dieu sur leur cher enfant. « Persuadés, dit Gariel, » qu'ils avaient obtenu sa naissance plus par la » grâce que par la nature, adorant la *merveille* » de sa croix et baisant son côté et son cœur qui » en étaient consacrés, les pieux époux recon- » nurent que Dieu avait de grands desseins sur » cet enfant, ce qui leur faisait chanter d'une » âme ravie : *Iste puer magnus coram Domino, nam* » *et manus ejus cum ipso est.* (Cet enfant sera grand » devant le Seigneur, car la main de Dieu est » avec lui.) » Libère, ne voulant le confier à aucune main étrangère, n'hésita point, malgré son grand âge, à le nourrir de son propre lait. Il fut baptisé en grande pompe, au milieu d'un concours immense de personnes, attirées par les récits miraculeux qui couraient déjà au sujet de sa naissance. On lui donna le nom de Jean (2),

---

super sinistro latere, ortus à matre attulit. (*Act., brev.*)
    E portet à sa nativitat una cros roja sobra la petrina,
per la gratia de Dyeus.   (*Carya Magalonensis.*)
  (1) Fermeluys.
  (2) Il fut appelé Jean...   (Fermeluys.)

tant à cause de son père qu'en mémoire du fils de Zacharie et d'Élisabeth. Cet enfant, *qui avait été conçu et engendré comme par miracle*, dit le savant patricien Diedo, *donna, même avant de parler, les signes et les présages d'une sainteté extraordinaire. Comme sa mère ne mangeait qu'une fois par jour le mercredi et le vendredi, lui aussi ne tettait qu'une fois ces jours-là.* Cette naïve tradition, qui est une preuve de la foi du biographe, plus encore que de la sainteté de l'enfant, est racontée, par le Maître d'école parisien du XVIe siècle, dans ce style mignard et gracieux que nous serons heureux de reproduire quelquefois.

> Et combien qu'enfançon il commença, dès lors,
> De pratiquer le jeusne et macérer son corps ;
> Ne prenant que bien peu, au repas ordinaire,
> Du laict que lui donnoit sa vertueuse mère.
> Comme il croissoit en âge, il augmentoit toujours
> Du jeusne l'aspreté, de sorte que le cours
> De son âge enfantin était un exemplaire
> D'abstinence et vertu......

« Le vent qui se lève au poinct de l'aurore, » fait remarquer à ce sujet un bon religieux, « a » plus de durée que celui qui commence à souffler » sur le soir. Les premiers mouvements de la grâce » n'étaient, ce semble, que de douces agitations » d'un vent matinal. » Aussi, quelque incroyable que puisse paraître aux esprits forts le naïf récit du noble Vénitien, il n'a rien de plus extraordinaire que les innombrables miracles dont l'Eglise a consacré l'authenticité.

Dès qu'il fut parvenu à l'âge de huit ou neuf

ans, le jeune Roch sembla prendre à tâche de châtier son corps et de l'asservir. Il mangeait et buvait excessivement peu, et passait tout son temps en prières ou dans la lecture des livres saints. Son intelligence précoce faisait l'admiration de tous ceux qui l'entendaient parler de Dieu et des mystères de la religion. Enfin il semblait réaliser déjà les espérances de ses parents et les présages surnaturels de sa naissance.

CHAPITRE III.

Enfance de Roch. — Philippe le Bel à Montpellier (1304). — Le grand mystère. — Le chevalet.

Tandis que le jeune Roch grandissait, manifestant dans toute sa plénitude la grâce de Dieu qui était en lui, la ville de Montpellier devenait de plus en plus française. Un heureux et admirable instinct semblait pousser nos aïeux à se séparer de l'Espagne pour se rapprocher du roi de France. Ils ne négligeaient aucune occasion d'exprimer au petit-fils de saint Louis leurs sympathies les plus ardentes. Une circonstance, en apparence fortuite, mais en réalité habilement ménagée par la perspicace sagacité de l'infatigable monarque, vint sceller publiquement des liens désormais indissolubles.

Philippe le Bel, ayant entrepris, au commencement de l'année 1304, un voyage dans les provinces d'Aquitaine, d'Albigeois et de Toulouse, jusqu'aux frontières du Narbonnais, fit prévenir les habitants de Montpellier qu'il s'arrêterait quelques jours au milieu d'eux, avec la reine et les trois princes ses fils. Une nouvelle aussi inattendue produisit, dans la ville, une joie universelle. Les bourgeois étaient en général fort mécontents des officiers du roi de Majorque; ceux du roi de France, au contraire, semblaient aller au-devant de leurs moindres désirs. Ne perdant pas de vue un seul instant le but de sa politique, le rusé conquérant avait déjà fait de son nouveau fief de Montpelliéret un centre puissant et privilégié, au détriment des localités voisines. Il y avait transporté la cour du Petit-Scel, placée par saint Louis à Aigues-Mortes, pour le service des pèlerins, et l'hôtel des monnaies de Sommières; il y avait établi une bourse de marchands, et, au moment de venir *parader* devant les habitants de Montpellier, il avait eu le soin de leur accorder les faveurs les plus insignes.

Il n'est pour ainsi dire pas une classe d'hommes, parmi ces bourgeois, dit M. Germain en résumant les libéralités accordées par Philippe aux habitants de Montpellier, qui n'ait eu part à son attentive bienveillance.

Dès le 1er février de l'an 1304, tous les préparatifs organisés par les soins des consuls majeurs, pour la réception du roi de France, étaient déjà terminés. Le samedi après les Cendres, 15 de ce même mois, Philippe IV, accompagné de sa femme Jeanne de Navarre et de ses trois enfants, Louis, Philippe et Charles, qui devaient se succéder après lui sur le trône de France, fit son entrée à Montpellier. Les douze consuls allèrent au-devant de lui, à cheval, jusqu'à la croix de Saint-Berthomieu; il y avait avec eux douze vieillards notables de la ville, aussi à cheval, et soixante autres cavaliers. Il y vint également le bayle avec tous ses officiers, ainsi que ceux du palais et ceux de la rectorie. Il y eut encore les métiers avec des livrées diverses, arrangés par échelles (1) et à pied.

D'abord marchait l'échelle du dimanche, puis celle du jeudi, puis ensemble celles du lundi et du mardi, puis celle du vendredi, et enfin celle du samedi. Chaque corps de métier, précédé de ses gardes et suivi de quelques ménétriers du consulat, portait sa bannière et ses pennons, brodés et peints de diverses couleurs. On remarquait entre autres celle des peyriers, dont la brillante armature dorée éblouissait les regards de ses mille rayonnements. Le peintre y avait représenté Dieu assis sur un trône, entouré de quatre anges; au-dessous, la Vierge, tenant son Fils dans ses bras et escortée de deux anges; le tout surmonté d'un dais flamboyant et enrichi d'ornements d'or et d'argent fins (2). Les quatre pennons, pour les trompettes et les cornemuses du métier, se composaient d'un manteau brodé en argent, sur un fond en azur d'Acre. Derrière les métiers marchaient vingt-cinq citoyens distingués de Montpellier, *habillés de neuf* (3), por-

(1) La population ouvrière de Montpellier était répartie en sept classes ou en sept catégories, suivant la diversité des professions, ou sept *échelles*, comme on parlait au moyen âge............ Il y a sept échelles à Montpellier, parce qu'il y a sept jours à la semaine. La même division fut adoptée plus tard par Florence, pour les sept grands arts. (GERMAIN, *passim*.)

(2) *Les maîtres de pierre de Montpellier,* par Renouvier et Ricard.

(3) *Petit Thalamus.*

tant trois grandes bannières bordées d'argent : l'une blanche, aux armes du roi de France ; l'autre blanche et rouge, aux armes de la ville ; et l'autre sur fond rouge, représentant monseigneur saint Firmin dans la gloire du paradis, entouré d'anges et de nuages, et couronné de rayons (1). Ils étaient immédiatement suivis par le nombreux clergé de Montpellier, précédé de tous les ordres religieux et escorté par les Templiers, le *beauséant en tête* (2), dont les luisantes cuirasses et les longues barbes, proscrites depuis près d'un siècle, contrastaient singulièrement avec les figures ascétiques et les costumes blancs, bruns ou noirs, des prêtres et des moines. Les trois universités, de médecine, de droit et des arts, arrivaient à leur tour avec leurs robes écarlates, leurs brillantes fourrures d'hermine et leurs verges d'argent. Derrière, venaient plus de cent des meilleurs cavaliers de la ville et des environs, portant des arbalètes, des glaives, ou de petites oriflammes aux milles couleurs. Enfin tous les citoyens, riches et pauvres, jeunes et vieux, malades et bien portants, eurent bientôt obstrué les chemins, depuis la porte de la Saunerie jusqu'à la croix de St-Berthomieu.

Bientôt on vit apparaître le cortége du roi de France, précédé d'un corps d'arbalétriers avec ses bannières et ses trompettes, et accompagné

(1) *Petit Thalamus.*
(2) Ainsi s'appelait leur étendard, mi-parti de noir et de blanc, pour montrer qu'ils étaient terribles aux infidèles et secourables aux chrétiens.   (MEZERAY.)

d'une foule de seigneurs et de hauts et puissants personnages. Monté sur un magnifique cheval, plus blanc que la neige (1), le roi était vêtu d'une large robe (*de douze aulnes*), en velours violet, semée de lis d'or et doublée d'hermine et de drap d'or nuancé de rouge sombre. Il portait un bonnet de la même étoffe, avec une large bordure d'hermine, d'où s'élevait une couronne d'or, ornée de perles et de pierres précieuses, et supportée par des pointes et des rayons. A ses côtés chevauchait la reine Jeanne de Navarre, coiffée d'une espèce de turban, que surmontait une couronne formée de fleurs de lis d'or. Un long voile brodé, enroulé autour de son menton, venait flotter sur une robe de velours cramoisi, parsemée de perles et bordée d'hermine, disparaissant en partie sous les larges plis d'un immense manteau d'azur fleurdelisé. Immédiatement après s'avançaient les trois jeunes princes, vêtus d'une robe de drap d'or sur un fond de soie violette, avec un lambel d'or pur et une double bordure de lis. Derrière eux marchait le connétable Gaucher de Châtillon; sa robe était faite d'un épais drap de soie à carreaux rouges et bleus, séparés par des fils d'or, et au milieu desquels se dressait un lis

---

(1) Les souverains, lorsqu'ils faisaient ou une marche solennelle ou une entrée dans quelqu'une de leurs villes, ne montaient que des chevaux blancs.

Les détails *authentiques* qui suivent, sur les costumes de Philippe le Bel et de sa suite, sont tirés de la Chronique de Guillaume Bardin.

en drap d'or. Il tenait à la main l'épée du roi, soigneusement enveloppée dans un fourreau de velours bleu, brodé d'or ; à ses côtés, deux jeunes pages aux armes de France portaient, sur des coussins d'azur fleurdelisés, le sceptre et la main de justice. On y voyait aussi les deux maréchaux de France, Foucaud de Merle et Mile des Noyers, revêtus de vastes manteaux, divisés en quatre parties, se rejoignant au cou, deux en drap de soie blanc et les deux autres rayées. Les bordures étaient tissées de fil d'or, et la doublure de drap d'argent ressortait sur un fond de soie rouge. Enfin un grand nombre de seigneurs et chevaliers, précédés de leurs hommes d'armes, portant leurs bannières armoriées, complétaient ce magnifique cortége, qui se terminait par une foule d'officiers, huissiers, valets et fous de la maison du roi.

Les seigneurs consuls mirent pied à terre et allèrent au-devant de Philippe. Six d'entre eux prirent les rênes de son cheval, et les six autres accompagnèrent la reine jusqu'aux portes de la ville ; les princes étaient escortés par les consuls de mer, à pied et la tête découverte.

Les habitants ne savaient comment exprimer leur enthousiasme. On n'entendait que les cris mille fois répétés de « Noël ! Noël ! Gloire et longue vie à notre seigneur et roi ! Vive madame de Navarre, reine de France ! Honneur et joie à nos seigneurs les princes ! » Au milieu de ces bruyantes acclamations, les hôtes royaux arrivèrent au faubourg de la Saunerie. La lourde porte, avec sa tour ronde et sa herse, ses jouées en meurtrières, ses archières, ses piliers, ses machicoulis et ses merlets, avait disparu sous une brillante décoration, qui l'avait transformée en arc de triomphe. Le mur seul apparaissait, des deux côtés, dans sa sombre nudité, et semblait montrer avec fierté cet appareil composé de *cartiers et de cadascas*, c'est-à-dire de pierres assises sur leur lit et posées alternativement de plat et de champ, qui s'appelait déjà *l'appareil de Montpellier*.

Les armes du roi et de la reine, surmontant l'écusson de la ville, se dressaient au sommet de l'élégant portique, recouvert de toutes sortes d'ornements et de peintures, *qui composaient une fincte très-belle et très-honnête*. Au seuil de la porte étaient les quatre vertus : Force, Prudence, Espérance et Justice, représentées par de belles jeunes filles, appartenant aux familles les plus considérables de la ville. *Force* portait une gonelle ou tunique de soie verte et *les manches à la sorte*, et sur sa poitrine bien *gorgiasse* était brodée une tête de lion; elle était coiffée avec une grande chaîne d'or, formée de bagues et montée en diadème. *Espérance*, revêtue d'une gonelle de velours noir, bordée de soie blanche et jaune, et coiffée avec une guirlande de bagues, soutenait deux pots d'argent. *Justice*, en gonelle de satin cramoisi avec une écrevisse sur sa poitrine, tenait de la main droite une épée et de l'autre une balance. *Prudence*, armée d'un compas, portait une gonelle de damas gris, bordée de soie pers et blanc. Tout à coup, aux sons d'une bruyante musique, un ange aux ailes d'argent, qui semblait sortir d'un nuage, descendit de dessus le *portail*, vint au-devant du seigneur roi, et lui débita une très-belle harangue, à laquelle celui-ci *prit grand plaisir* (1).

Après quoi les seigneurs consuls présentèrent au sire roi un magnifique dais de satin blanc, parsemé de fleurs de lis d'or. Sur les quatre faces on avait brodé les petites armes du roi et de la reine au milieu d'un écu d'or, et les petites armes de la ville au milieu d'un écu d'argent. La frange d'or était entremêlée de vingt-quatre clochettes d'argent, *pour le plaisir de les entendre* (2); enfin le dais était supporté par douze bâtons dorés, tenus par les douze consuls en robe rouge. La famille royale ayant pris place sous le dais, le cortége entra dans la ville à travers les flots d'une population enthousiaste, dont les mille cris de joie étaient recouverts par le bruyant concert des cloches, sonnant à toute volée. Depuis la rue Saunerie, en passant par le quartier de la Pierre jusqu'à Notre-Dame-des-Tables, on marchait sur une épaisse couche de fin sable de mer, et les maisons étaient tapissées de draps de toutes couleurs, *que le faisait beau voir* (3).

Au milieu du parvis de Notre-Dame, tendu de drap d'or de Lucques, se dressait un grand échafaud, au centre duquel on avait placé les plus

(1) *Petit Thalamus.*
(2) *Id.*
(3) *Id.*

précieuses reliques. Sur les degrés de la porte principale se tenait Mgr l'évêque de Maguelone, *habillé en pontifical*, et assisté du prieur de St-Firmin et des chanoines de l'église de Maguelone, tous revêtus de leurs plus magnifiques ornements. Ils s'avancèrent au-devant du roi et de sa famille, et l'évêque, leur ayant donné à baiser un reliquaire qu'il tenait entre ses mains, les mena devant l'autel de Notre-Dame.

Après une courte oraison, Philippe IV et sa suite remontèrent à cheval devant la porte de l'église et s'en allèrent, en passant devant la Petite-Loge et le long de la *Gulharié*, jusqu'à la Salle l'Evêque, maison de M. le recteur de la part antique, *qui avait été apprêtée et grandement parée* (1). Le roi reçut dans son appartement particulier les seigneurs consuls, ouvriers, consuls de mer et les principaux bourgeois de la ville, *avecque messire de St-Amand*, le premier docteur en droit reçu à Montpellier (2), chargé de prononcer le discours d'usage.

Immédiatement après cette harangue, *bien petite et en beaucoup de substances*, les consuls présentèrent au roi un mémoire contenant leurs divers griefs, en vingt-un articles, contre les officiers du roi de Majorque, qui avaient enfreint

---

(1) *Petit Thal.*
(2) *Aquest an* (MᶜCCᵉLXXXXIII [1293]), *a **XXVIII** dabril, fofach lo primier doctor a Montpellier apelat **M**. de Sant Amans per **M**. R. de Frezol doctor en leys.* (*Petit Thalamus*; Chronique romane.)

leurs priviléges et leurs coutumes en plusieurs choses (1).

Le roi, ayant promis de leur faire rendre leurs droits, causa avec les principales dames et damoiselles de la ville, qui lui offrirent de beaux et riches présents : draps et étoffes de toutes couleurs, riches broderies, objets d'or et d'argent, parmi lesquels on remarquait un magnifique mail avec ses deux boules (2); vins du pays, rouge et muscat; grands et petits *tortillons* blancs, confitures de noix, *cofiment* et toutes sortes de friandises.

Le lendemain commença une représentation qui dura trois jours (3). Le théâtre avait été élevé au milieu du parvis de Notre-Dame-des-Tables. Ce fut un véritable salmigondis des faits de l'Écriture Sainte et des mœurs satiriques d'une époque dont la liberté critique ne serait pas supportée de nos jours. Les artisans avec leurs instruments, les médecins avec leurs fioles, les gens de justice avec leurs écritoires, les gens de guerre avec leurs épées, les gens d'église avec leurs chapes, vinrent tour à tour poser et jouer leurs rôles dans ce drame universel. Le renard, personnification de l'intelligence humaine, dont l'emblême revient inévitablement dans toutes les

---

(1) *Histoire de Languedoc*, t. VI, pag. 310.

(2) La ville de Montpellier était autrefois dans la coutume de ne jamais oublier le mail ni les boules parmi les présents qu'elle faisait aux princes lors de leur passage.

(3) Voir l'Introduction. — *Art dramatique.*

œuvres d'imagination du moyen âge, apparaissait, successivement, apprenti, garçon, maître, chef de jurande; apothicaire, mire, chirurgien, médecin; procureur, avocat, juge, président; clerc, moine, abbé, évêque, archevêque, pape; — et cependant toujours renard, toujours laissant sortir de dessous ses habits sa grande queue et ses petites oreilles, toujours montrant ses yeux vifs et spirituels, toujours croquant œufs, poussins et poules. Pendant les intermèdes, des groupes de *rois de la fève*, de *ribauds* en chemise, d'hommes sauvages, entourés de jeunes gens et de jeunes filles, exécutaient des danses ou pantomimes burlesques, destinées à égayer le sérieux des pièces saintes.

La fête fut terminée par un magnifique souper dans la maison du consulat. *Toutes les plus apparentes dames et bourgeoises de la ville s'y trouvèrent, ornées et parées des meilleurs ornements, robes et joyaux* (1). La table représentait une verte pelouse, ornée, dans son pourtour, de branchages, auxquels on avait attaché des violettes et d'autres fleurs odorantes. Les dressoirs à vins et à vaisselles, les carafes et les flacons semblaient sortir de buissons fleuris, et les convives portaient des chapels de glaïeul, de lis et de roses. Une estrade, recouverte de velours, avait été préparée pour la famille royale, sous un dais de drap d'or (2).

(1) *Petit Thalamus.*
(2) Voir Alexis Monteil, la *Cour du Roi;* et Legrand d'Aussi, *Vie privée des Français.*

Aux quatre coins de la salle, des ménétriers, debout sur des bœufs, habillés d'écarlate, sonnaient du cor à chaque service. Après avoir mangé les fruits et *avoir lavé*, les tables furent enlevées rapidement. D'autres ménétriers, jouant de la flûte, du rebecq ou de la viole, vinrent chanter et réciter des contes, des fabliaux et des romans de chevalerie; les jongleurs firent mille tours d'adresse avec des singes, des chiens et d'autres animaux; enfin les deux troupes réunies représentèrent des querelles de femmes, des scènes d'hommes ivres ou niais, et même des espèces de pièces dramatiques. De temps en temps un son aigu se faisait entendre; aussitôt tous les bruits s'apaisaient, et, au milieu du silence général, la voix du héraut faisait retentir ce cri solennel : *Le roi boit!* auquel l'assemblée tout entière répondait par *Vive le roi!*....... Une fois les divertissements terminés, l'on apporta l'hypocras, les vins aromatisés et les sucreries nommées épices. Alors on vit entrer dans la salle du festin une troupe de jeunes gens de la ville, qui exécutèrent, sous les yeux des hôtes royaux, la danse populaire du chevalet, si fort en vogue à Montpellier depuis la fameuse aventure qui précéda la naissance de Jacques Ier (1).

Pendant ce royal repas, la ville présentait un spectacle pittoresque et singulier : toutes les rues étaient illuminées; chacun, ce soir-là, sou-

---

(1) Voir Germain, ***Histoire de la commune de Montp.***, t. I, p. 248; t. II, p. 28; t. III, pag. 199.

pait en plein air. C'était une animation, une joie, un tumulte indescriptible; on riait, on buvait, on chantait, et tout cela sans trouble, sans dispute et sans vacarme!...

La population montpelliéraine se livra ainsi, pendant une semaine, à tous les ébattements de de la joie la plus vive : c'étaient, chaque jour, *reviaux, danses, caracoles et soulas ;* des bandes d'artisans et d'écoliers, costumés de leur mieux, le plus souvent en évêques et en abbés, parcouraient la ville en dansant; puis ce furent des feux de joie, des chants, des concerts, des bals travestis, des joûtes à cheval et des espèces de représentations en pantomimes, dont l'usage commençait déjà à se répandre.

Enfin, le 23 février 1304, Philippe le Bel partit au milieu des bénédictions et des cris de reconnaissance d'une foule enivrée. Les projets de l'habile monarque étaient couronnés d'un plein succès : la ville de Montpellier était décidément bien française!

CHAPITRE IV.

Jeunesse de Roch. — Les mendiants et le lépreux. —Mort de ses parents. — Un enterrement au moyen âge.

Pendant que ces événements se passaient à Montpellier, le jeune Roch continuait à étonner tout le monde par les pieux et charitables instincts de son âme d'élite. Dès l'âge de douze ans, ayant pris en aversion les plaisirs sensuels, même les plus légitimes et les plus inoffensifs, il donnait aux pauvres et aux malheureux tout ce qui n'était pas strictement nécessaire à son existence. Il chérissait les mendiants étrangers et voyageurs comme ses propres concitoyens, et savait déjà leur donner, avec les secours du corps, les délicates consolations de l'âme. La vue d'un pèlerin produisait sur son âme une émotion indicible. Chaque fois qu'il en rencontrait un, exténué de faim et de fatigue, il lui apportait son repas, dont il ne se réservait qu'un peu de pain, le faisait coucher dans son propre lit, tandis que lui-même s'étendait sur le plancher, et le lendemain matin l'accompagnait sur la route, l'exhortant vivement à ne pas se laisser décourager par les fatigues et les obstacles du voyage. Il possédait une égalité d'humeur vraiment extraordinaire à son âge. Toujours bon, affable et souriant, il ne cessait de distraire et d'égayer les malheureux auxquels il prodiguait les secours de toute nature. Le son de sa voix était si harmonieux et si pur, que ses camarades lui avaient donné le surnom de *Parole divine*.

Quand on lui reprochait de ne pas chercher à reconnaître les véritables pauvres de ces mendiants éhontés qui se donnent des incommodités artificielles pour exciter la pitié et ne craignent pas de tendre la main quoique leur besace soit pleine, il répondait, avec une douceur angélique : « Tous les pauvres nous représentent le divin Maître, et, comme il est difficile ou même impossible de distinguer ceux qui souffrent réellement, le plus sûr est de les secourir tous. Dans quelque main que tombe l'aumône, elle monte toujours au ciel. » Un jour que, suivant sa coutume, il avait donné tout ce qu'il possédait à des mendiants inconnus et sans asile, il s'étendit au pied d'un arbre, accablé de souffrances. Dieu lui envoya bientôt un sommeil réparateur pendant lequel il eut une vision. L'autre monde lui apparut : d'un côté l'enfer était ouvert ; il y vit des gens de tous les états, entre autres des mendiants qui avaient trompé la bonne foi chrétienne ; de l'autre côté le paradis, tout rempli d'hommes bons qui n'avaient jamais refusé l'aumône. Dès qu'il fut réveillé, Jean se jeta à genoux et remercia le Seigneur de lui avoir manifesté ainsi sa volonté, et, fort désormais de l'approbation divine, il persévéra constamment dans ses habitudes charitables.

Une maladie affreuse, portée du pays où l'on a fait mourir J.-C., exerçait depuis plus d'un siècle de terribles ravages en Europe. Tout à coup, et sans aucun motif apparent, des rougeurs, des démangeaisons, des excoriations, ternissaient la santé la plus fraîche et la plus vigoureuse. Une plaie universelle couvrait bientôt le corps des malheureux atteints de ce mal et excitait le dégoût et la frayeur. L'ignorance et la superstition avaient fait de ces misérables lépreux des êtres maudits et réprouvés, qui ne comptaient plus au nombre des vivants. L'Église elle-même, voyant dans les terribles effets de cette maladie immonde une image des souillures du péché, consacrait par une lugubre cérémonie cet antique et déplorable usage. Roch, bravant sans crainte et sans hésitation ce préjugé malheureusement répandu alors dans toutes les classes de la société, secourait lui-même ces malheureux, pansait leurs plaies et les entourait des soins les plus fraternels.

Dans le courant de l'année 1310, un jeune marchand de Montpellier fut tout à coup atteint de ce mal incurable; longtemps les parents voulurent s'étourdir et douter, mais les symptômes de la lèpre devinrent si manifestes, qu'il fallut appeler les clercs en médecine. Ils déclarèrent que ce misérable jeune homme était décidément atteint du mal maudit, et, malgré l'incessante activité de ses démarches, Jean ne put faire différer l'intervention de l'Église.

Supérieur à son siècle, autant par l'élévation

de son intelligence que par la sainteté de ses mœurs, il gémissait en silence sur ce ridicule mélange d'égoïsme, de superstition et d'ignorance, qui poussait la société à retrancher de son sein ces infortunés, et à les parquer dans des établissements particuliers comme des bêtes immondes (1).

Vers l'heure de none, la funèbre cérémonie commença (2). L'église de St-Firmin, tendue de noir, était déjà pleine lorsque le lépreux, revêtu d'un drap mortuaire, apparut au bas de l'escalier. C'était un horrible et touchant spectacle que celui de ce pauvre jeune homme, hier encore rayonnant de vigueur et de santé, aujourd'hui complétement défiguré par une plaie universelle. Son teint rose, ses joues fraîches, ses sourcils blonds avaient été dévorés par la scabie, et une odeur nauséabonde et infecte corrompait l'air autour de lui. Le clergé vint en procession le prendre à la porte de l'église et le conduisit dans une chapelle ardente, préparée pour la cérémonie au milieu de la grande nef. Après avoir chanté les prières des morts et fait les aspersions et les encensements ordinaires, on l'accompagna hors de la ville, à la maisonnette qu'il devait occuper. Arrivé en face de la porte, au-dessus de laquelle était placée une petite clo-

(1) A la fin du XIIIe siècle, on comptait vingt mille léproseries en Europe, et deux mille en France (MATHEUS PARIS, *de Lazaris et Leprosis*. — *Testament de Louis le Jeune*).

(2) V. Al. Monteil.

che surmontée d'une croix, le cortége s'arrêta, et, le lépreux s'étant agenouillé, le prieur de St-Firmin prononça un long discours pour l'exhorter à la patience et à la résignation. Il lui rappela les tribulations de J.-C., et termina en lui montrant le ciel, séjour de ceux qui ont été affligés sur la terre, et où ils ne seront ni malades ni lépreux, où tous seront éternellement sains, éternellement purs, éternellement heureux ! Après ces consolantes paroles, l'infortuné ôta son habit, qui fut immédiatement réduit en cendres, mit la tartarelle de ladre et prit sa cliquette, pour qu'à l'avenir tout le monde eût à fuir devant lui. Alors le prieur, d'une voix forte, prononça en ces termes les défenses prescrites par le rituel :

Je te défends de sortir sans ton habit de ladre ;

Idem de sortir nu-pieds ;

Idem de passer par des ruelles étroites ;

Idem de parler à quelqu'un lorsqu'il sera sous le vent ;

Idem d'aller dans aucune église, dans aucun marché, dans aucune foire, dans aucune réunion d'hommes quelconque ;

Idem de boire et de laver tes mains soit dans une fontaine, soit dans une rivière ;

Idem de manier aucune marchandise avant de l'avoir achetée ;

Idem de toucher les enfants, de leur rien donner ;

Idem d'habiter avec toute autre femme que la tienne.

Après quoi, le prêtre lui donna son pied à baiser, lui jeta une pelletée de terre sur la tête et ferma la porte de sa petite cabane, le recommandant aux prières des assistants.

Tandis que la foule se retirait en silence, Roch, qui avait suivi ce malheureux, objet d'horreur pour les autres, entra furtivement dans sa maisonnette, et lui prodigua les secours et les consolations que la charité la plus héroïque peut suggérer. Chaque jour il vint passer quelques instants auprès du pauvre lépreux. Il lui apportait les choses les plus nécessaires à la vie et ne cessait de l'exhorter à la résignation et à l'espérance. « Quoi qu'en disent les hommes, s'écriait-il, vous guérirez un jour, mon frère, croyez-moi. Dieu n'a-t-il pas guéri Job? n'a-t-il pas guéri le lépreux de l'Évangile? Priez-le avec ferveur, et il vous accordera votre guérison. Il vous rendra à vos parents, à vos amis, à tous ceux qui vous chérissent. » Lorsque parfois celui-ci engageait le saint jeune homme à ne pas exposer sa propre santé pour venir le consoler et le servir, et lui disait, dans un généreux mouvement de reconnaissance : « Ne revenez plus me voir, vous prendriez la lèpre et vous ne seriez pas enseveli en terre sainte, » il lui répondait avec exaltation : « La main de Dieu saura bien recueillir ma poussière là où elle se trouvera ! »

Malgré les innombrables occupations que lui procurait son inépuisable charité, il trouvait encore le temps de cultiver son *esprit, incomparablement supérieur à celui des enfants de son âge* (1). A quinze ans il suivait les leçons des professeurs les plus renommés des diverses universités, et il fit, dans ces sérieuses études, de si rapides progrès, qu'il parut à tout le monde devoir rendre un jour son nom grand et glorieux.

> Il estoit tellement de l'estude amoureux,
> Que, pour s'y advenir, il ne fut paresseux,
> Où il fit si grand bruict, combien que, petit d'aage,
> Qu'il fut en peu de temps très-docte personnage (2).

Il entourait ses parents d'une de ces affections respectueuses que rien ne saurait exprimer. Ceux-ci ne cessaient de remercier Dieu et la sainte Vierge d'avoir daigné réaliser d'une manière si éclatante leurs vœux et leurs prières. Aussi la mort, qui n'effraye jamais une âme chrétienne, n'était-elle pas pour eux un sujet de crainte ou d'inquiétude ; et, comme le vieillard Siméon, ils disaient au Seigneur : « Reprenez maintenant » vos deux serviteurs, ô notre divin Maître ! puis- » que vous avez daigné leur laisser voir un fils » qui doit étendre votre nom et le glorifier sur » cette terre ! »

Le vieux Roch, accablé par l'âge et la souffrance, s'éteignit bientôt, en effet, dans le calme, la prière et la résignation, remerciant le Seigneur, suivant la pittoresque expression du Maître d'école parisien,

> De daigner le tirer enfin de ce bas lieu,
> Pour le rendre bourgeois de Sion la céleste,
> Hors laquelle il n'y a que tristesse et moleste.

(1) Diedo.   (2) Fermeluys.

Comment exprimer la douleur de Jean et de Libère? La religion seule put les aider à supporter une perte si cruelle.....

La ville entière fut plongée dans la tristesse en apprenant la mort de ce saint vieillard, que ses éminentes vertus avaient placé si haut dans l'estime et la vénération de ses concitoyens. Ce fut un deuil universel. Ses funérailles ressemblèrent à une cérémonie publique. Le corps du défunt fut porté par les principaux bourgeois de la ville, dans un superbe lit funèbre, orné de draperies mortuaires parsemées de croix d'or sur fond d'azur (1), et recouvert de la robe de drap rouge fourrée d'hermine. Les consuls majeurs, consuls de mer, ouvriers de la commune clôture, l'accompagnèrent jusqu'à l'église de Notre-Dame-des-Tables, où il fut exposé pendant vingt-quatre heures, au milieu d'une forêt de torches et de cierges aux armes du consulat et de sa famille.

Le lendemain, la dépouille mortelle du vieux consul fut transportée à la cathédrale de Maguelone, dont les abords servaient alors de cimetière.

Suivant les usages de cette bizarre et originale époque, où les sentiments les plus nobles et les plus saints s'exprimaient bien souvent par de vaines et ridicules cérémonies, une troupe de jongleurs et de jongleuses précédaient le cortége, en se livrant aux excentricités les plus tragiques. Uniformément vêtus, sans distinction de sexe,

(1) Armes de la maison de la Croix.

de sacs en laine noire, la tête et les pieds nus, ils se tordaient dans des convulsions frénétiques, s'arrachaient les cheveux, s'égratignaient le visage, déchiraient leurs vêtements, se roulaient par terre et remplissaient l'air des plus lugubres cris. L'un d'entre eux surtout, chargé de représenter le défunt, excitait l'admiration générale : il imitait avec tant d'habileté et de naturel le port, la démarche, les manières du noble vieillard, que les larmes coulaient de tous les yeux.

Tout était extérieur dans la poétique existence du moyen âge, mélange de naïveté et de fanatisme, de simplicité et de grandeur, de foi et de barbarie! L'ignorance de la foule accueillait avec enthousiasme ces signes matériels des émotions les plus personnelles et les plus intimes. Voilà le secret de l'avide crédulité avec laquelle elle écoutait le récit des traditions les plus merveilleuses. Le symbolisme est le caractère particulier de ces siècles de foi et d'amour, dont les héroïques sentiments nous ont été transmis par ces magnifiques cathédrales qui en reflètent la majestueuse splendeur. Malheureusement le livre de pierre de l'humanité, après avoir reproduit la pureté et l'universalité de son inaltérable candeur religieuse, ne tarda pas à porter des marques irrécusables de l'esprit d'opposition et de liberté qui devait révolutionner le monde. Aux mystérieuses et naïves sculptures du moyen âge succéderont bientôt les emblêmes licencieux de la Renaissance.

Ce qui ne se réalise que plus tard dans la

symbolique de l'art était déjà arrivé, pour l'expression de la douleur, à la fin du XIII° siècle. Ce sentiment bien naturel de pleurer les morts et de les accompagner jusqu'à leur dernière demeure, en ne craignant pas de laisser éclater les manifestations extérieures d'une souffrance débordante, avait dégénéré peu à peu jusqu'aux larmes mercenaires et aux contorsions banales des jongleurs et des jongleuses. La douleur calme et résignée du jeune Roch contrastait singulièrement avec les bruyantes et ridicules exagérations de ces pleureurs à gage. On sentait, à travers les larmes silencieuses qui sillonnaient son doux visage, une confiance sereine et forte qui semblait l'illuminer. Pour lui, cette séparation si déchirante et si cruelle n'était, en effet, que momentanée. Il voyait déjà l'âme glorieuse de son père lui préparant et lui gardant sa place dans le paradis.

Aussi gémissait-il profondément sur ces extravagantes démonstrations, qu'un antique usage avait depuis longtemps sanctionnées.

Dès que les restes mortels du vieux Roch furent déposés à l'ombre de l'église de Maguelone et en vue de la vaste mer où ils devaient attendre le jour de la résurrection, la foule s'éloigna rapidement. Une fois seul, Jean alla puiser de l'eau bénite dans le *bénitier miraculeux* (1), en jeta par trois

(1) Il existe, au sujet de ce bénitier, une curieuse légende, racontée tout au long dans le *Carya Magalonensis* (le Noyer de Maguelone), ce charmant daguerréotype dans lequel M. Moquin-Tandon a reproduit,

fois sur la tombe, et, s'étant agenouillé sur la dalle mortuaire, il laissa déborder son âme en d'ineffables méditations. Bientôt, plongé dans une profonde extase, il crut voir son père dans le ciel, lui promettant d'être toujours son protecteur dans ce monde et lui recommandant de se rendre aussitôt auprès de sa mère, qui se mourait.

De retour à Montpellier, il trouva la veuve inconsolable dans un état de faiblesse qui faisait

avec une minutieuse fidélité, les mœurs et le langage des habitants de Montpellier au commencement du XIVe siècle. (Montp. Boehm, 1844.) Nos lecteurs nous sauront certainement gré de transcrire ici la traduction littérale de cette poétique description :

« Le grand bénitier de la sainte église de Maguelone est très-beau et très-vénéré dans le Languedoc. Il offre un diamètre qui n'a pas son pareil. Il est orné de fleurs et de fruits entrelacés, avec des oiseaux d'étang et de mer perchés sur des rameaux, et quelques colombes gracieuses qui enfourchent de vieux corbeaux. On y a sculpté, de plus, un grand nombre de bêtes sauvages qui dévorent le corps agenouillé d'un jeune chevalier de Villeneuve, de haut lignage, lequel n'avait eu aucun souci de la chapelle de madame Marie, ni de son autel, ni de son image.....

» Ces bêtes avaient la forme du corps humain depuis la tête jusqu'aux pieds, et portaient aux pieds des griffes crochues ; elles avaient un long cou et un long bec...

» Puis on y voyait, triste, en pleurs et presque au désespoir, l'âme dudit chevalier séparée du corps, au milieu d'une grande multitude de démons qui préparaient le feu infernal.

» Cette âme était retenue sur un gril de fer, et, sous

craindre pour ses jours : l'*Éternel eut envie*, dit le naïf écrivain du XVIᵉ siècle,

> De bien heurer sa mère en l'éternelle vie,
> Pour la faire jouir, au ciel benin et doux,
> Du bien que possédait son bien heureux époux.

« Je n'ai plus rien à faire, disait-elle à son fils,
» dans ce monde, où tu peux maintenant te diri-
» ger seul et sans guide. Le Dieu miséricordieux
» et tout-puissant daigne m'appeler à lui et me
» réunir à mon bienheureux époux. Ne pleure
» pas ma mort, mais remercies-en, au contraire,
» la bonne Vierge, ta benoîte patronne, comme
» de la dernière grâce qu'elle ait daigné m'ac-
» corder. » Et, en disant ces mots, elle expira doucement, en répétant avec ferveur : « Jésus!
» Marie! »

ledit gril, deux démons petits, mais bien robustes, soufflaient et attisaient une braise copieuse.

» M. le prévôt de Maguelone ni ses officiers, ni aucune personne de Maguelone, ne portait jamais d'eau bénite ni d'autre eau dans ce saint bénitier, et l'on disait qu'il était toujours plein et prêt à déborder.

» Ce bénitier fut un jour un peu cassé en dessous; on ne l'a pas réparé, et cependant les eaux ne se perdent pas.

» Et M. le recteur de l'université disait que *jamais de la vie* ce noble bénitier ne serait à sec, parce que Simon, premier évêque de Maguelone, y avait jeté une larme de la bienheureuse Mère. »

CHAPITRE V.

La rue Bona-Nioch. — Roch vend ses biens et les distribue aux pauvres. — Il part pour l'Italie (1315).

Privé de ses parents, Jean Roch n'était plus retenu à Montpellier que par les cours des savants professeurs qui faisaient déjà de cette ville une des premières universités de l'Europe. Il semble que la Providence ait voulu rompre ce dernier lien qui l'attachait à sa ville natale.

On sait que les habitants de Montpellier n'avaient pas une grande sympathie pour ces étudiants audacieux et querelleurs, dont la présence donnait pourtant à leur cité une grande partie de son importance. Il faut l'avouer aussi, il n'est pas de malices et d'espiègleries que ces turbulents écoliers n'aient jouées aux pacifiques bourgeois : tapages nocturnes, charivaris, impositions forcées, n'étaient encore que des peccadilles fort légères à côté de la scène violente qui se passa aux environs de la tour Ste-Eulalie (rue *Bona-Nioch*), dans le courant de l'année 1313. Les paisibles Montpelliérains, fatigués de ces incessantes tracasseries, ayant voulu s'opposer un jour, par la force, à une de leurs plus scandaleuses expéditions (1), une rixe s'ensuivit :

(1) L'enlèvement d'une jeune veuve.

les belliqueux bacheliers mirent l'épée à la main et blessèrent un grand nombre de bourgeois ; ceux-ci, exaspérés, résolurent d'user de représailles. Le lendemain, à l'entrée de la nuit, ils guettèrent les mutins à leur sortie de l'école et leur barrèrent le passage dans une rue tellement étroite, qu'aucun d'eux ne put fuir. Afin de distinguer les jeunes gens du pays de ceux du dehors, à qui ils en voulaient seulement, ils les obligèrent tous à dire, dans l'idiôme ou patois languedocien : *Dyeu vous doin bona nioch!* Les étrangers ne réussissant guères, en général, à articuler convenablement cette phrase avec l'accent local, il devint facile de reconnaître les tapageurs, soit catalans, soit bourguignons. Ils furent impitoyablement massacrés, et leurs corps jetés dans les puits du voisinage.

Le jeune Roch se trouva inévitablement mêlé à cette scène de carnage. Prévoyant dès l'origine que l'issue de ce piége pourrait être meurtrière, il essaya de calmer les bourgeois irrités. Il les suppliait de ne pas se laisser entraîner par la colère, cette mauvaise conseillère, qui ne laisse après elle que regrets et remords ; il leur promettait que désormais personne ne serait inquiété ; il les conjurait, au nom de leurs filles, de leurs épouses et de leurs mères, au nom du Dieu de paix et de miséricorde, de ne pas tremper leurs mains dans le sang de leurs frères : tout fut inutile. Les habitants ne voulurent entendre parler d'aucun accommodement, d'aucune indulgence, d'aucune conciliation. Poussés à bout par la conduite souvent scandaleuse de cette turbulente jeunesse, ils ne respiraient que le meurtre et la vengeance. Ils tuèrent sans pitié tous ceux qui ne purent pas leur échapper.

Le souvenir de cette scène sanglante, trait caractéristique des mœurs de cette époque, s'est perpétué jusqu'à nous et a donné son nom à l'une des rues situées derrière l'église Ste-Eulalie. Quelle douloureuse impression une cruauté si révoltante dut produire sur l'âme de Jean, embrasée de l'amour de l'humanité! Il renonça aux leçons de droit romain, qui l'avaient rendu, malgré lui, témoin d'une si odieuse barbarie; il n'osa même plus suivre les cours de théologie, professés dans les écoles des Dominicains et des Franciscains. Il n'eut désormais qu'une pensée, un désir, un but : réaliser le rêve de son adolescence, suivre les traces de saint Dominique et de saint François, dont les ordres mendiants se développaient par tout le monde avec une merveilleuse rapidité.

Un malheureux événement qui vint marquer cette année 1313, décidément fatale pour Montpellier, acheva de le détacher des choses de ce monde et de le confirmer dans sa sainte résolution. Une sécheresse de sept mois, accompagnée de famine et d'épidémies, presque inséparables, en ces temps-là, de toute intempérie de ce genre, porta la désolation dans la contrée. On fit quatre processions solennelles, où furent portées la sainte épine des frères mineurs et toutes les autres reliques du pays. Et l'on voyait chaque nuit, ajoute le chroniqueur, des bandes d'hommes et de femmes parcourir la ville presque nus, un cierge à la main, en se flagellant jusqu'au sang.

A peine âgé de dix-huit ans, Jean montra, dans cette circonstance, ce qu'il devait être un jour. Pendant cette longue et cruelle épreuve, il ne cessa de secourir et de consoler les affligés, donnant du pain et de l'argent aux uns, des remèdes et des exhortations aux autres; il semblait se multiplier à mesure que les effets de cette désastreuse influence se faisaient ressentir davantage. On vit plus d'un pauvre artisan, livré au désespoir, sans pain et sans asile, prêt d'attenter à ses jours et d'exterminer lui-même sa propre famille, ramené, par les soins du jeune apôtre de la charité, à la résignation, à la piété et à l'espérance !

Le calme et la prospérité s'étant enfin rétablis, Jean sentit renaître ce violent désir d'abnégation et de pauvreté qui remplissait son âme et la transportait. Se rappelant les mémorables enseignements de son père, il s'étudia à les mettre en pratique. Il commença par suivre la doctrine qui dit : « Vendez tout ce que vous possédez, don» nez-en le produit aux pauvres; faites-vous des » trésors qui ne vieillissent pas; placez vos ri» chesses dans les cieux, les voleurs n'iront pas » les y prendre et les vers ne les rongeront pas. » Il partagea tous ses biens et les distribua en secret aux pauvres et aux nécessiteux, exécutant ainsi les préceptes du Christ, qui a défendu de donner à la vue de tout le monde, pour que chacun ne recueille pas dans ce monde la récompense qui

l'attend dans le ciel, et qui a dit : « La main
» droite doit ignorer ce que donne la main
» gauche. »

Une fois volontairement dépouillé de ses richesses, réduit à cette pauvreté évangélique après laquelle il avait si longtemps soupiré, il lui restait à choisir entre le cloître et les pèlerinages.

Ces deux routes s'ouvraient seules alors aux chastes amants de « cette femme à laquelle, » comme à la mort, nul n'ouvre la porte avec » plaisir (1). » L'auréole resplendissante dont l'avaient couronnée les deux illustres mendiants enthousiasmait toutes les âmes généreuses et lui attirait chaque jour de nouveaux adeptes. Roch brûlait de marcher sur leurs traces; mais la décadence cléricale qui se manifesta d'une manière si sensible, à Montpellier, au commencement du XIVe siècle (2), le décida pour les pèlerinages lointains. Il paraît cependant qu'il s'affilia à l'ordre de saint François, dont les admirables vertus avaient fait une profonde impression sur son cœur.

> Et, pour mieux se conduire en une œuvre si belle,
> Il choisit pour patron, pour exemple et modèle,
> Le père saint François, de qui (comme l'on dit)
> De son tiers ordre saint dès lors il se rendit (3).

(1) La Pauvreté. (DANTE, *Divine Comédie*.)

(2) Voir, à ce sujet : Germain, t. II, chapitre XVI. Situation religieuse de la commune de Montpellier au XIVe siècle.

(3) Les Franciscains ont toujours regardé saint Roch

On se rappelle la joie et l'émotion qu'il éprouvait, dès sa plus tendre enfance, à la vue des pèlerins ; avec quel bonheur il les entourait de soins, d'affection et de prévenances, et combien il enviait leur sort. Il crut voir dans ce goût instinctif de sa jeunesse une manifestation des desseins de la divine Providence, et sa résolution fut arrêtée. Ce n'était, du reste, pas une chose inusitée alors que ces voyages vers des sanctuaires vénérés. Comme nous l'avons fait déjà remarquer (1), après les désastreuses expéditions du saint roi Louis IX, les pèlerinages avaient succédé aux croisades. Depuis la reprise de la Terre sainte par les infidèles, les chrétiens, dominés par le goût des pieuses pérégrinations, affluaient aux tombeaux des apôtres, aux églises de Notre-Dame, aux oratoires les plus renommés. De tous ces lieux sacrés de rendez-vous, le plus célèbre et le plus fréquenté était, sans contredit, l'ancienne capitale du monde païen, régénérée et sanctifiée par le sang des apôtres et des martyrs. Rome avait remplacé Jérusalem.

Jean résolut de se rendre dans la ville éternelle. Rien ne put l'arrêter désormais, dans l'accomplissement de son héroïque projet. En vain ses amis et ses parents lui représentaient les fatigues et les souffrances de ce long voyage. « Le chemin du ciel, leur disait-il, n'est pas une

---

comme de leur famille, et ils célèbrent sa fête en grande pompe.

(1) Voir l'Introduction.

pente douce, semée de gazon et de fleurs, mais bien un sentier escarpé, couvert de pierres, de ronces et d'épines. » Il fit, en conséquence, ses derniers préparatifs, laissa à son oncle, Guillaume Roch de la Croix, vice-roi (gouverneur) de Montpellier (1), *tous les biens dont la loi ne lui permettait pas de disposer* (2), et, après avoir reçu la bénédiction de l'évêque de Maguelone et imploré la protection de la miséricordieuse Notre-Dame des Tables, sa divine patrone, il se dirigea vers Rome, abandonnant, sans hésitation et sans regrets,

De son pays natal l'amoureuse caresse (3).

Quelle foi ardente, quelle immense et énergique piété devait contenir ce cœur de vingt ans, pour ne pas hésiter devant les insurmontables difficultés d'une pareille entreprise ! Voyez-vous ce jeune homme, hier encore possesseur d'une fortune considérable, dédaignant tous les avantages d'une vie riche et tranquille pour accomplir en mendiant un saint pèlerinage !

Combien l'amour de Dieu et du prochain devait être profond et vivace dans cette âme d'élite ! Son inépuisable charité lui donne une force surhumaine, que semble devoir lui refuser sa nature frêle et délicate. Il ne rêve que pauvreté, tortures, humiliations. Il craint de ne pas souf-

(1) Pièces justificatives, IV. Généalogie de la maison de la Croix.
(2) Diedo.
(3) Fermeluys.

frir assez pour mériter la récompense céleste. Avec quelle joie il se dépouille de tous ses biens terrestres et périssables! Avec quelle horreur il fuit les douceurs et les commodités de la vie! Il part seul, un bâton à la main, la besace sur le dos, dans le simple costume de pèlerin, et se dirige vers Rome (1).

> Il prend à ceste fin, pour faire son voyage,
> Jà dès long temps conceu en son noble courage,
> D'un pauvre pèlerin l'ordinaire manteau,
> La cappe, le bourdon, la courge et le chapeau.
> Il se met en chemin sous la garde asseurée
> Du Sauveur des humains et de la bien-heurée
> Vierge, sa saincte mère.....

Qui croirait, en voyant ce pâle jeune homme, à la taille grêle, à la peau fine et blanche, aux membres maigres et délicats, à la démarche presque féminine, qu'il pourra supporter les fatigues d'un si long et si pénible voyage, résister aux mille accidents qui surgiront chaque jour sous ses pas, aux causes sans cesse renaissantes de destruction, de ruine et de mort? Aucune de ces pensées ne s'est présentée à lui, ou plutôt, mû

---

(1) « *Brevi quâdam coccineâ veste indutus, vilique palliolo superposito, pileo, perâ ac baculo sumptis, pedibusque coopertis calceamentis, nullo comitante, Romam versùs iter dirigit.* » (FRANCISC. DIEDO, *ap. Boll. Acta SS., august. III,* 401.) — « *Habitu peregrino induitur, caput pileo tegitur, de humeris bulga pendet, baculus peregrinalis dextram subit...* » (*Acta breviora, id., id.,* 408.)

par un sentiment surnaturel, il ne se préoccupe nullement des misères inhérentes à notre infirme nature. L'esprit de Dieu anime et soutient sa faiblesse, et, à travers ce timide et suave regard, perce une sereine et immuable confiance qui illumine son doux visage !

Guidé par l'inspiration divine, il marche sans hésitation, sans crainte, sans arrière-pensée, intimement convaincu d'être, quoi qu'il arrive, l'indigne mais docile instrument des impénétrables desseins de la Providence.

Il va donc, cheminant par ces larges campagnes,
Par ces tortus vallons, par ces hautes montagnes ;
Il traverse l'obscur des plus sombres forêts ;
Il franchit les arrest des fleuves et marets.
L'importune sueur et les labeurs pénibles,
Les obstacles plus grands aux voyageurs nuisibles,
Bref, l'injure du temps, contraire au pèlerin,
Ne peuvent l'empêcher d'avancer son chemin ;
Tant son désir brûlant d'une divine flamme,
De souffrir et partir pour l'auteur de son âme.

CHAPITRE VI.

Pèlerinage : Le fils du Diable. — Arrivée de Roch en Italie. — La peste. — Guérisons miraculeuses à Aquapendente, Césène, Rimini, etc.

Nous n'essayerons pas de suivre l'héroïque pèlerin dans sa course gigantesque. Rien ne peut le décourager, ni la fatigue, ni les privations, ni le mauvais temps. Sans autre défense ni ornement qu'un long bâton peint en rouge et quelques coquilles attachées au collet de son habit, il marche calme et joyeux, le chapeau pendu à son cou, en chantant des cantiques sur les mystères de l'ancien et du nouveau Testament. Il souffre, sans murmurer, la lassitude, la chaleur, le froid et la faim. Un peu d'eau et de vin dans sa calebasse suffit pour le soutenir et le désaltérer. S'il rencontre des voyageurs réunis en groupes nombreux, pour se distraire des fatigues du chemin (1), il se retire discrètement et continue sa route solitaire, après leur avoir adressé le pieux salut d'usage : *A Dieu vous com-*

(1) Les pèlerinages étaient déjà si multipliés, qu'ils faisaient le service des correspondances, et liaient ainsi entre elles toutes les contrées des États chrétiens.

(A. Monteil.)

mands (1). Lorsque, dans les villes qu'il traverse, il est recueilli par des bourgeois hospitaliers qui logeaient volontiers les pèlerins et les hébergeaient pendant quelques jours, il se conformait à la coutume générale en payant sa bienvenue par d'intéressants récits ; seulement, au lieu d'une chanson, d'un lai ou d'un conte, destinés à exciter le rire et la gaîté, il racontait, avec sa douce et persuasive éloquence, quelque histoire tirée de la Bible ou des livres saints, et ne manquait jamais d'en faire ressortir la sublime morale.

A son arrivée à Aix, étant entré, suivant son habitude, dans une église, pour adresser à Dieu ses ferventes prières, il assista à un de ces sermons, mélange bizarre de superstition et de politique, de simplicité et de hardiesse, de foi naïve et de licence satirique, qui est l'un des traits les plus saillants et les plus caractéristiques de l'éloquence de la chaire au moyen âge. Après avoir parcouru rapidement les divers États, *ad omnes Status*, le prédicateur s'arrêta, se recueillit et, renforçant sa voix, continua ainsi (2) : « Mes frères, vous allez
» rire ou, plutôt, ne pas me croire ; cependant
» rien n'est plus sûr, rien n'est plus vrai, qu'un
» jour qu'il ne faisait pas très-clair, qu'il ne fai-
» sait pas non plus très-obscur, je vis, comme
» vous me voyez, j'entendis, comme vous m'en-

---

(1) Pour *Je vous recommande à Dieu*. Plus tard, afin d'abréger, on a dit : *A Dieu commands;* puis *A Dieu*, et enfin *Adieu*.

(2) A. Monteil, épit. XCV.

» tendez, le diable, qui, tout fin qu'il est, ne me
» voyait ni ne m'entendait, occupé qu'il était à
» peigner la crinière de son jeune fils, à lui affiler
» les cornes, à lui aiguiser les griffes, en même
» temps qu'à lui donner ses leçons. » — « Mon
» féal et bien-aimé fils, lui disait-il, tu connais le
» proverbe « Avoir de l'esprit comme un diable; »
» il n'est donc pas permis à un diable d'être une
» bête! Écoute donc et instruis-toi : d'abord com-
» mence par savoir quel est celui de tous les états
» qui remplit le plus nos chaudières. Cet état,
» sache-le bien, retiens-le bien, n'est pas celui de
» tailleur, ni celui de meûnier, ni même celui de
» procureur; cet état, souviens-t'en, ne l'oublie
» jamais, cet état est celui de monnayeur (1).

» Rejouis-toi, mon fils! continua le diable, ré-
» jouis-toi! car tu verras quelles entraves, quels
» embarras les hausses et les baisses du marc d'ar-
» gent apportent dans le commerce, dans les trans-
» actions, dans les plus simples conventions. Mais,
» dans les moments de pénurie, le roi emploie un
» moyen encore bien plus expéditif : il déclare,
» par une ordonnance, que toutes les monnaies
» existantes au jour présent, neuves ou vieilles,
» sont vieilles et hors de cours ; il ordonne que
» ceux qui les possèdent viennent les échanger

---

(1) Nous n'avons pas besoin de rappeler ici le surnom de faux monnayeur, ineffaçablement lié au nom de Philippe IV, même de son vivant, par l'indignation publique. Les allusions sont plus que transparentes; elles sont d'une sanglante crudité.

» aux hôtels des monnaies contre celles qu'il fait
» fabriquer, et que celles-ci soient les seules admi-
» ses dans les payements. Aussitôt tout le monde
» est obligé de porter son vieil argent ou son
» argent vieilli aux hôtels des monnaies, et de
» l'échanger contre le nouveau, qui a un dixième
» d'argent fin de moins et un dixième d'alliage
» de plus; et, comme il y a à peu près dix millions
» de numéraire dans le royaume, à six livres le
» marc d'argent, c'est 500,000 livres de bénéfice
» pour le roi.

» On croit rire, là-haut sur la terre, quand on
» dit que c'est le diable qui a imaginé toutes ces
» diableries et mille autres; cependant rien n'est
» plus vrai, car c'est moi qui, siégeant au con-
» seil du roi, dans le chaperon des conseillers
» financiers, leur souffle aux oreilles les projets
» les plus diaboliques, qui sont toujours admis,
» applaudis.

» Tu me demanderas comment peut faire le
» roi pour se faire porter aux hôtels des monnaies
» toutes les espèces que son ordonnance déclare
» vieillies, hors de cours? Tu me demanderas,
» j'en suis sûr encore, si, en France ou dans les
» pays voisins de la France, il n'y a pas aussi
» d'autres fabricants de monnaies, qui veulent
» partager avec le roi le riche bénéfice du dixième
» d'alliage de plus?

» A la première question je te répondrai que,
» lorsque la rentrée des espèces déclarées vieil-
» les, hors de cours, ne se fait pas rapidement,
» le roi envoie dans les maisons et partout des

» coupeurs, des preneurs des espèces démoné-
» tisées, pour les percer, les couper, en même
» temps que, dans les marchés, il établit des
» surveillants qui examinent si on paye avec les
« espèces légales.

» A la deuxième question, qu'il y a en France
» et hors de France des faux monnayeurs en très-
» grand nombre, qui contrefont souvent, non les
» espèces légales, mais les espèces déclarées
» vieilles, fabriquées avec de l'argent d'un meil-
» leur titre, et auxquelles l'opinion donne si
» généralement et si hautement la préférence,
» qu'alors, dans l'hôtel des monnaies, afin de
» diminuer le mal, on les contrefait aussi pour
» les figures et les inscriptions, mais non pour
» le titre, car les monnayeurs du roi l'altèrent;
» et, ce qu'il y a de singulier, c'est que, devenus
» alors eux-mêmes faux monnayeurs, ils n'en
» font pas moins le procès criminel aux autres
» faux monnayeurs, dont les alliages ne sont pas
» plus grands et sont quelquefois même moins
» grands que les leurs......... Mon fils, mon cher
» fils, toutes les astuces, toutes les ruses, tous
» les délits, tous les crimes se sont répandus sur
» la terre par les variations des monnaies! Ré-
» jouis-toi donc! tu es venu en *bon temps*, car
» autrefois il n'en était pas ainsi! »

Le lendemain, avant l'aurore, Jean était déjà sur la route de l'Italie. De lourds nuages noirs, présage certain d'un violent orage, ne purent le décider à remettre son départ de quelques heures. Il semblait pressentir la mission providentielle que le Tout-Puissant allait lui confier ! Un instant de retard lui eût paru un crime, un vol fait à Dieu et à l'humanité. Inébranlable dans sa sainte résolution, il marchait, marchait toujours, ne se reposant que dans les églises et dans les monastères.

Après bien des fatigues, des souffrances et des privations, il parvint enfin au pied des Alpes. Il traversa les paysages désolés de la Romagne et pénétra dans la Toscane, dont les magnifiques campagnes, encadrées dans la chaîne des Apennins, étaient parsemées de monuments de tous les âges.

Dieu, qui voulait produire au grand jour l'héroïque charité de son humble serviteur, lui en réservait de nombreuses occasions. La peste, dont les effets foudroyants épouvantaient les âmes même le plus vigoureusement trempées, exerçait d'affreux ravages à Aquapendente. Roch, n'écoutant que son dévouement, s'y rendit en toute hâte. Quel horrible spectacle présentait cette malheureuse ville !...... Le terrible fléau ne s'y était manifesté que depuis peu de jours, et déjà, malgré la vigilance des magistrats et les précautions multipliées des habitants, il avait pris un développement considérable. L'art de la médecine était impuissant pour en arrêter les progrès. Les malheureux qui en étaient atteints mouraient au plus tard le troisième jour, couverts de taches noires ou blanchâtres.

Cette violente épidémie se communiquait aux personnes saines qui touchaient les malades, aussi rapidement que le feu le plus intense. Les animaux eux-mêmes en étaient frappés et périssaient en quelques heures.

La consternation était générale. Ceux que la contagion avait respectés, oubliant toutes les lois divines et humaines, évitaient avec soin non-seulement le contact, mais la vue même des pestiférés. Les liens d'affection et de parenté étaient brisés ; l'on vit même des pères et des mères laisser mourir leurs enfants sans leur porter le moindre secours.

On ne trouva bientôt plus personne pour ensevelir les morts ; on décida de brûler les cadavres. Des mercenaires parcouraient la ville en criant : « Jetez les cadavres dehors ! » Ils les empilaient sur des voitures, les emportaient hors de la ville et les précipitaient dans d'immenses brasiers qui brûlaient nuit et jour. On n'entendait plus dans les rues que ces cris lugubres : « Qui a des morts ? » qui a des morts ? Que ceux qui ont des morts » les descendent sur leurs portes ! » Et une foule de gens sortaient sur le seuil de leur maison : « Voilà mon fils, disait l'un ; voilà mon épouse, » voilà mon frère, disait l'autre ! » Bientôt on entendait encore les mêmes voix glapissantes : « N'y a-t-il plus de morts par ici ? Quelqu'un a-t-il » encore des morts ? » Et les charrettes se remplissaient, et les bûchers se rallumaient, et les grandes fosses creusées loin de la ville se comblaient de cendres et d'ossements brûlés !

Bien avant d'arriver à Aquapendente, on apercevait les horribles traces du mortel fléau : les villages et les bourgs étaient presque complétement dépeuplés; les pauvres laboureurs, leurs femmes et leurs enfants, dépourvus de toute espèce de secours, mouraient çà et là dans les champs et jonchaient les chemins de leurs cadavres. Les troupeaux, sans conducteurs, erraient partout à l'aventure, en poussant de lugubres gémissements.

C'est au milieu de ces scènes désolantes que Roch se trouva tout à coup transporté. Son âme généreuse fut émue à la vue de tant de misères et de douleurs; oubliant l'instinct si naturel de sa propre conservation, il ne songea qu'aux moyens de soulager ces malheureux. Il alla trouver l'administrateur de l'hôpital, nommé Vincent, et lui témoigna son vif désir de s'adjoindre à lui pour soigner les pestiférés. Vincent, touché de la jeunesse et de la physionomie délicate de cet étranger, essaya d'abord de le dissuader de son héroïque projet. Il lui fit observer que sa santé ne résisterait pas aux fatigues et aux dangers d'un travail si pénible et si dégoûtant :

Mesme qu'il paraissoit trop débile et tendret
Pour pouvoir supporter l'odeur de l'air infect (1).

Roch lui répondit : « N'est-il pas écrit dans les « livres sacrés que rien n'est difficile à ceux qui » sont soutenus par l'amour divin? Si donc, » poussés par un espoir immortel, nous faisons » toutes nos actions dans ce but, Dieu ne nous

(1) Fermeluys.

» donnera-t-il pas la force de les accomplir, lors
» même qu'elles paraîtraient humainement im-
« possibles. »

Malgré ce ferme et pieux langage, Vincent lui représenta qu'il ne pouvait pas faire une si rude expérience sans courir de grands dangers pour sa vie. « Tous mes malades sont atteints du
» fléau pestilentiel. Il en meurt chaque jour un
» grand nombre, aucun n'en échappe ; personne
» n'approche d'eux sans être infecté aussitôt du
» venin mortel. Pourquoi donc irais-tu au-devant
» d'un si grand péril et t'exposerais-tu volontai-
» rement à la mort ? »

« Il est écrit, lui répliqua Roch avec chaleur,
» que là où le danger est plus grand, la ré-
» compense est nécessairement plus précieuse.
» Permets donc, je t'en conjure, que je travaille
» à mon bonheur éternel en t'aidant à soigner tes
» malades ! » Le prudent administrateur, vaincu par tant de courage et de fermeté, craignit, en persistant dans son refus, d'attirer sur lui la colère du Seigneur et de priver ses malades des bienfaits de la Providence. Car il ne douta pas, fait remarquer le biographe vénitien, que cet homme ne fût envoyé de Dieu lui-même, pour être l'instrument de leur salut. Il le conduisit donc auprès des pestiférés.

Comment dépeindre le hideux tableau qui s'offrit à la vue du pèlerin ? D'innombrables malades, couverts de plaies dégoûtantes, étaient entassés pêle-mêle dans les différentes salles ; une odeur infecte et nauséabonde s'en exhalait constamment, et l'on n'entendait que des cris lamentables, des gémissements, des sanglots entrecoupés, auxquels se mêlait par intervalle le lugubre râle de la mort. Tant de souffrances le touchèrent vivement.

>Il n'est sitost entré qu'une pieuse envie
>Anime de son cœur la plus vivante vie.
>Il se fait voir partout diligent à servir,
>Ayder et consoler, assister, secourir
>Les pauvres languissants. Or il donne courage
>Aux uns qui, demy morts, succomboient à la rage
>De ce venin cruel; tantost il exhortoit
>Les autres à souffrir le mal qui les pressoit.
>Distribuant aux uns la charité ardente,
>Les vivres corporels; les autres il contante
>Tantost du sainct discours, ores d'un bon propos,
>Qui fesait qu'ils trouvoient en leur douleur repos.
>Enfin, et jour et nuict, que bien peu il sommeille,
>Il court tantost à l'un, tantost prête l'oreille
>A l'autre, désirant avoir quelque confort
>Pour ne craindre l'effort de sa prochaine mort.

Enfin, inspiré par la puissance divine, dont il avait imploré la suprême protection, il s'approcha de ces malheureux, *et, leur touchant les mains, il les guérit miraculeusement de la peste en faisant sur chacun d'eux le signe de la croix* (1).

(1) *Signo crucis communitos liberat.* (Diedo.)
Soron sanatz, per mossen Roc, nombre de pestiferatz per lo fay del signé de cros, que lo dich signe era escripst sus son noble cor. (Carya Magalonensis.)

Ceux qui estoient frappez de ce mal infecté,
Reçurent aussitost leur première santé.
Ce fut par le moyen, ce fut par la puissance
Du signe du chrestien, du chrestien l'espérance ;
Ce fut par la vertu du signal précieux
De la croix, qu'il signoit sur tous les langoureux.

S'arrachant bien vite aux témoignages de reconnaissance de cette foule émerveillée, il parcourut les différentes rues de la ville, portant à tous, au nom du Christ, la santé et le bonheur. Les habitants, délivrés si miraculeusement de cette désastreuse épidémie, se prosternèrent avec respect devant ce modeste jeune homme, qu'ils regardaient comme un envoyé du ciel (1), suscité par Dieu lui-même, pour arrêter les funestes effets de l'effrayante mortalité qui décimait leur ville. Ils le supplièrent de leur apprendre son nom, afin de pouvoir publier, dans tout l'univers, sa gloire et sa puissance. Roch leur répondit qu'ils devaient adresser leurs prières et leur reconnaissance à Dieu seul, qui s'était servi de sa vile créature comme d'un instrument, et il se refusa obstinément à leur faire connaître son pays et son nom.

Encouragé par ce premier succès et confiant dans la volonté du Seigneur, Roch s'élança à la suite du fléau et parcourut ainsi une grande partie de l'Italie, s'arrêtant là où il exerçait ses plus cruels ravages. Partout il donna l'exemple du

---

(1) *É disié lou pobol que mossen Roc ly era trasmes de ordre é volontat de Dyeus.* (Carya Magalonensis.)

dévouement et de la charité, releva le courage abattu des populations, et ramena sur tous les visages la fraîcheur et la joie. Il semblait, ainsi que le font remarquer certains biographes, chasser miraculeusement la peste devant lui par le signe de la croix.

CHAPITRE VII.

Arrivée à Rome. —Aventure merveilleuse *du cardinal*. — Roch se dirige vers Plaisance, délivre les habitants de la peste. — Atteint lui-même du fléau, il est chassé de la ville. — Fontaine merveilleuse.

Détourné momentanément du but de son pieux voyage, le jeune Roch n'avait pas perdu le désir d'aller visiter la ville éternelle. Ayant appris que la peste y régnait plus violemment encore que partout ailleurs, il se hâta d'y voler. Quels furent, du reste, les sentiments dont le spectacle de la ville universelle inonda son âme, l'histoire ne nous en dit rien. « Ceux qui vont à Rome une
» première fois, dit le R. P. Lacordaire (1), en
» y apportant l'onction du christianisme et la
» grâce de la jeunesse, savent l'émotion qu'elle
» produit; les autres la comprendraient difficile-
» ment, et j'aime la sobriété de ces vieux histo-
» riens qui s'arrêtent là où finit le pouvoir de la
» parole. »

« Dès son arrivée, il alla trouver un cardinal (2),

(1) *Vie de saint Dominique.*
(2) Cette longue histoire du cardinal, reproduite par tous les biographes, est traduite littéralement de F. Diedo, sauf quelques abréviations.

dont la réputation de bonté et de sainteté était universelle, et le supplia humblement de vouloir bien recevoir la confession de ses péchés. Le lendemain, le saint prélat, lui administrant le sacrement de l'Eucharistie, vit briller autour de sa tête une auréole divine. Saisi d'admiration et de respect pour ce jeune pèlerin, qu'il n'hésita pas à reconnaître comme un envoyé de Dieu, il le supplia de vouloir bien délivrer la ville du fléau qui la décimait. Roch, humilié et confondu d'une telle marque de confiance de la part d'un homme de ce caractère, voulut résigner un pareil honneur; mais il finit par se rendre aux pressantes sollicitations du cardinal, et, levant les mains au ciel, il s'adressa au Seigneur à peu près dans ces termes : « **O Père éternel!** source de toute
» clémence, quoique les prières de ce saint pré-
» lat pèsent plus auprès de toi que toutes mes
» supplications, cependant, afin que l'immen-
» sité de ta gloire et la splendeur de ton nom
» brillent encore plus aux yeux de tous, je n'hé-
» site plus à t'adresser mes humbles prières.
» Daigne délivrer de l'horrible fléau cette ville,
» qui est le siège de la sainte Eglise et la tête du
» monde ! Daigne aussi préserver de tout danger,
» par le signe de la croix, ce prêtre vénérable,
» modèle de piété et de vertu ! »

» En prononçant ces dernières paroles, Roch fit le signe de la croix sur le front du cardinal, et *l'empreinte pénétra si profondément dans la chair, qu'elle semblait y avoir été incrustée avec un fer rouge.* Tant que dura l'épidémie, ce miracle si

extraordinaire excita un enthousiasme universel; mais, une fois le danger passé, quelques esprits légers et mondains persuadèrent au cardinal d'ôter cette croix, qui déparait son visage. Celui-ci, entraîné par une fausse honte, retourna auprès de Roch pour le prier de lui enlever ce signe désormais inutile, qui lui attirait les railleries d'un grand nombre de personnes (1). Mais Roch lui répondit : « Il n'est pas de serviteur
» qui ne se glorifie de porter les insignes de son
» maître. Saint Pierre et saint André non-seu-
» lement n'ont pas rougi d'être crucifiés, mais,
» bien au contraire, ils regardèrent comme une
» grande gloire d'avoir mérité la même mort que
» le divin Rédempteur. Comment pouvez-vous
» avoir honte, révérend père, du signe sacré sur
» lequel le Fils de Dieu est mort et a souffert
» pour nous sauver tous? Portez avec respect et
« fierté cet étendard de vie et de salut, par lequel
» vous recevrez votre récompense, car il est
» écrit : « Que celui qui veut entrer dans la vie
» éternelle porte sa croix et qu'il suive celui qui
» ne s'est pas pardonné à lui-même ! » Le cardinal, profondément ému par ces éloquentes paroles, déclara que toute sa vie il serait fier de porter ce signe glorieux, et qu'il tâcherait de se rendre

(1) Ce détail satirique, peut-être ajouté après coup, est parfaitement en harmonie avec cet esprit de critique hardie, — l'un des traits les plus caractéristiques du moyen âge, — qui ne craignait pas de s'attaquer aux princes de l'Église eux-mêmes.

digne désormais de l'insigne honneur que le Dieu tout-puissant avait daigné lui accorder. Il exigea, en outre, que Roch restât auprès de lui, et, pendant trois ans, ils se livrèrent ensemble à l'exercice continuel d'une charité toujours croissante (1). »

A la mort du saint prélat, Jean, sentant se réveiller en lui les élans de sa généreuse ardeur, se dirigea vers cette partie de l'Italie qu'il avait déjà parcourue, visitant partout les hôpitaux, soignant les malades et *guérissant les pestiférés par le signe de la croix* (2).

Pendant deux ans, il voyagea ainsi dans la Lombardie et la Toscane, invulnérable au milieu de tant de dangers, et portant la consolation, la santé et la joie parmi ces populations infectées du terrible fléau qui semblait fuir devant lui.

Cependant Dieu, voulant faire briller aux yeux de tous les vertus et la sainteté de son infatigable serviteur, lui réservait de rudes épreuves. Ayant appris que la mortelle contagion exerçait ses ravages à Plaisance, Roch vola, suivant son habitude, à l'hôpital de cette ville.

---

(1) C'est ici que, par une erreur grossière, les biographes du saint ont tous répété, à la suite du crédule Diedo, un fait historiquement impossible, la présentation, à Rome, de saint Roch au pape. On sait que, depuis 1309, Clément V avait transporté à Avignon le siége de la papauté, et que cet exil volontaire des vicaires de Jésus-Christ se prolongea jusqu'à 1377.

(2) *Signo crucis communitos liberat.* (DIEDO.)

Et le sainct n'eut si tost posé le caractère
Et signe de la croix sur le mal pestifère,
Qu'on sentit s'adoucir l'aigreur de ce poison,
Si que les affligez recevoient guérison (1).

Cependant, à force de rester enfermé dans ces salles encombrées de malades, et dont l'air était profondément vicié, il finit par succomber à la fatigue et à la violence de l'épidémie :

Comme saint Roch prenoit son repos, il ouit
Une céleste voix sur l'heure de minuit,
Luy disant : « Roch, qui as enduré tant de peines,
» Le cours de plusieurs ans, de mois et de semaines,
» Qui as si librement souffert tant de labeurs,
» Ores l'aigreur du froid et tantost des chaleurs,
» La véhémente ardeur et davantage encore,
» Pour l'amour du grand Dieu que tu ayme et adore,
» Renoncé à toy-mesme afin de le servir,
» Et le pauvre affligé en son nom secourir,
» Sçaches que l'Éternel, qui t'ayme et te visite,
» Et du mal pestifère ores ton corps agite,
» Veut que pour son sainct nom tu endures l'effort
» De ce cuisant poison l'inévitable sort. »

Réveillé par la douceur de cette voix, Jean sentit une douleur aiguë à la cuisse gauche. Reconnaissant, dans cet irrécusable témoignage, l'accomplissement de la parole divine, il ne savait comment en remercier le Seigneur : « O mon
» doux Jésus! s'écriait-il dans sa sainte allégresse,

---

(1) *Signat, salvat,* dit plus élégamment l'ingénieux Vénitien, exprimant ainsi la rapidité de ces miraculeuses guérisons.

» j'espérais jusqu'à ce jour que tu daignerais me
» compter au nombre de tes plus humbles servi-
» teurs ; maintenant j'ai la confiance que je te
» suis cher et agréable, puisque tu m'as jugé
» digne d'éprouver une partie de tes souffrances.
» Mon amour pour toi me les rend douces et
» précieuses, et je voudrais mériter de mourir
» pour la gloire de ton nom ! »

Quelle admirable religion que celle qui fait accepter, non-seulement sans murmures, mais encore avec joie, les plus atroces douleurs physiques ! S'exposer, pour le salut de ses frères, aux plus insupportables fatigues, aux privations les plus dures, aux maladies et à la mort, voilà le sublime dévouement que le christianisme seul peut inspirer, la vertu la plus surhumaine dont saint Roch est l'expression, le héros et le modèle !

Toutefois, la douleur devint si intense, que, malgré son inaltérable résignation, Roch ne put s'empêcher de pousser des cris lamentables. Craignant d'incommoder les malades qui étaient près de lui, il se traîna jusqu'à la porte de l'hôpital et se laissa tomber dans la rue. La foule s'agglomera bientôt autour de lui, et, comme il ne voulut pas rentrer, quelques instances que l'on pût faire dans ce but, on le crut fou et on le chassa de la ville. Accablé par une telle ingratitude, encore plus que par ses propres souffrances, il se traîna seul (1), péniblement, à l'aide de son bâton, jusqu'à une forêt voisine.

(1) *Deo comitante.* (Diedo.)

Vers le lieu peu hanté d'une forest espèce,
Voisine d'un désert où la lyonne presse
L'effroyable manoir comme en toute saison ;
Estant là son séjour, sa retraite et maison,
Prochaine toutefois d'un bourg ou d'un village,
Carvolare nommé, qui Plaisance au visage
Regarde d'assez loin.

Il s'arrêta d'abord au pied d'un cornouiller et s'y reposa quelque temps; mais bientôt il découvrit une espèce de cabane formée par des rochers, et qu'il acheva avec des branches d'arbre.

Petit lieu pour se mettre à couvert,
Qu'il dressat comme il peust d'un amas de branchages,
De jeunes arbrisseaux et de sombres feuillages.

Dès qu'il se fut mis à l'abri de la pluie et de l'humidité, il planta son bâton en terre (1), et,

---

(1) La tradition populaire a consacré à ce sujet, en Italie, une touchante légende, rapportée par les scrupuleux Bollandistes, dans les annotations de la vie de saint Roch, et tirée de l'*Histoire ecclésiastique* de Pierre-Marie Campius. D'après ce dernier, le bâton de voyage planté par saint Roch près de sa cabane, transformée plus tard en église, aurait pris racine et serait devenu un magnifique poirier. Cet arbre extraordinaire produisait des poires d'une saveur exquise, mais seulement pendant la nuit qui précède la fête du saint. Ce prodige étonnant continua, dit Campius, jusqu'au temps de nos anciens (*majorum*); mais un homicide et le viol d'une jeune fille ayant été commis dans ce même lieu pendant les veilles qui se pratiquaient en l'honneur de saint Roch,

tombant à genoux, il supplia le Seigneur de ne pas permettre qu'il mourût seul au milieu des bêtes féroces, privé de tout secours. Il priait encore, ajoute la légende, lorsqu'un ange lui apparut (1) et lui dit que la sainte Vierge et son Fils ne l'abandonneraient pas ; *et aussitôt un nuage, s'écoulant devant l'entrée de sa cabane, forma sous les pieds mêmes du solitaire une source abondante* (2).

le poirier merveilleux se dessécha et ne porta jamais plus de fruit.

Cette naïve histoire, preuve irrécusable du culte particulier dont saint Roch a de tout temps été l'objet en Italie, est rapportée tout au long dans une ode de Frédéric Scott, livre V, page 281.

(1) Cet ange, reproduit dans la gravure qui est en tête de l'ouvrage de Fermeluys, se retrouve dans les différents tableaux représentant le saint atteint de la peste. Il en est question aussi dans l'antique et naïve prière qu'on récite encore en Provence.

Preiero de sant Ro.

St Ro s'en va au bos, rencontro [un ange.	St Roch s'en va au bois, il rencontre un ange.
L'ange ié dis :	L'ange lui dit :
Ro, sies peri !	Roch, tu es accablé de maux !
La Sto Vierge m'a manda ici	La Ste Vierge m'envoie ici
Per que te gardesse de pesto,	Pour te garder de peste,
De tempesto,	De tempête,
D'orduro,	D'ordure,
De macaduro ;	De meurtrissures ;
La Sto Vierge et sa portaduro*.	La Ste Vierge et le fruit qu'elle a porté dans son sein *.

(2) Diedo.

* Répétition fort jolie, et après laquelle est sous-entendu : *m'ont envoyé ici.*

> Saint Roch n'eust pas si tost mis fin à sa prière,
> Qu'aussitost l'Éternel, très-débonnaire père,
> Fit naître près de lui, ô effect merveilleux !
> O miracle divin ! ô faict prodigieux !
> Une claire fontaine, une eau très-agréable.....

Rempli de joie par l'apparition de cette source jaillissante, il étancha la soif qui le dévorait, lava sa plaie, et, grâce à la fraîcheur salutaire de cette eau merveilleuse, retrouva un peu de calme et de repos. Nous voyons encore de notre temps, non loin du temple de Sainte-Marie-de-Corvara, dit en terminant le savant patricien de Venise, cette fontaine, qui est le témoignage matériel de la manière miraculeuse dont le saint fut exaucé (1).

APPENDICE.

D'après l'écrivain que nous avons déjà cité (Campius), saint Roch ne sauva pas seulement de la peste les habitants de Plaisance. Un jour de l'année 1322, ayant recommandé au Christ et à sa très-sainte Mère le salut du peuple (dans l'antique église de Ste-Marie-de-Bethléem, qui s'appelle aujourd'hui Ste-Anne), on entendit une voix qui lui répondit : « *Roch, serviteur de Dieu,* » *ta prière sera exaucée !* » Et l'événement vérifia bientôt ces paroles, car la ville fut délivrée non-seulement de la peste, mais encore de la tyrannie

---

(1) Cette fontaine, qui existe encore près du temple de Ste-Marie-de-Corvara, est connue sous le nom de fontaine de St-Roch. (CAMPIUS, *Hist. eccl.*)

d'un certain Galeas, qui l'opprimait depuis longtemps.

Après la légende, voici l'histoire :

« Anno Christo 1322, die 9 octobris, Verrosius de Lando, qui fuerat expulsus de civitate Placentiæ, acceptâ licentiâ à domino legato, qui erat in civitate Astensi, per montem Sichalis, districtus Papiæ, procedens cum certis armigeris dicti domini legati et gentibus extrinsecis Placentiæ, pervenit usquè ad civitatem Placentiæ de nocte; et statim, per proditores intrinsecos, facto in muro foramine, civitatem prædictam intravit ipsâ nocte.............. Et tunc civitas Placentiæ, exclusâ dominatione domini Galeas, vice-comitis, factus fuit subdita sanctæ romanæ Ecclesiæ.

Eodem anno 1322, dominus papa Johannes XXII. factus fuit dominus Placentiæ toto tempore vitæ suæ.
(MURATORI. — *Rerum italicarum scriptores : Johannes de Mussis Chronicon placentinum.*)

Quels rapprochements ne pourrait-on pas faire entre le poétique récit de Campius et la sèche chronique du Plaisantin !

CHAPITRE VIII.

Roch est nourri par l'intervention divine. — Aventure extraordinaire de Gothard et de son chien. — Conversion de Gothard.

A quelque distance du lieu choisi par Roch, s'élevait un magnifique château, habité par un riche seigneur de Plaisance, nommé Gothard (1). Il avait fui la ville avec une société de jeunes gens et de femmes, dissipés et égoïstes comme lui, espérant se mettre ainsi hors des atteintes de la contagion. Là, séparés de tout le monde, ils vivaient sans vouloir même avoir aucune communication avec les gens du dehors, usant de viandes délicates et de mets recherchés, buvant des vins exquis et ne s'occupant que de jeu, de musique et de danse; goûtant, en un mot, tous les plaisirs qu'il était en leur pouvoir de se procurer.

Le site était, du reste, admirablement approprié à la circonstance : le château, bâti sur le penchant d'une petite colline, se dressait dans un air pur et embaumé, et baignait ses pieds dans de gigantesques massifs de verdure. Le luxe des appartements et l'élégance du mobilier étaient en harmonie avec les richesses extérieures de

(1) D'après les Bollandistes, Gothard appartenait à la noble famille de Palastrella.

l'édifice. Une longue galerie, bordée de vases de fleurs et protégée de l'ardeur du soleil par un épais berceau de feuillage, conduisait de la grande cour d'entrée dans un vaste parc muré de tous côtés, où l'art et la nature semblaient s'être réunis pour enivrer les imaginations les plus froides et les plus vigoureuses. Les fleurs et les fruits naissaient sous les pas de ces oisifs et voluptueux promeneurs, qui se réunissaient le plus souvent au centre d'un large carrefour de verdure, occupé par une immense volière, dans laquelle des oiseaux de tous les pays faisaient entendre de continuels concerts.

C'est dans ce lieu de délices, qui contrastait si fortement avec l'aride sécheresse du pays d'alentour, que Gothard et ses amis, foulant aux pieds les lois les plus sacrées de la religion et de la nature, tâchaient d'oublier, au sein des plaisirs, le mortel fléau qui emportait chaque jour leurs concitoyens, leurs amis et leurs parents. La chasse surtout, alors en grande vogue parmi la noblesse italienne, occupait une grande partie de leurs loisirs. Ils avaient amené avec eux un nombre considérable de valets, de chevaux et de chiens.

Dieu avait résolu de faire servir un de ces derniers animaux à subvenir à la subsistance de son serviteur.

Le moyen donc que Dieu suscita promptement,
Pour donner à sainct Roch du pain pour aliment,
N'est moins prodigieux, n'est pas moins admirable,
Que l'eau qu'il luy donna au désert effroyable.

Un jour que la joyeuse société, arrivant d'une longue course, venait de s'asseoir devant une table somptueusement garnie des mets et des vins les plus délicats, le chien favori de Gothard (1), s'avançant près de son maître, lui enleva un pain entier qu'il tenait à la main, et s'enfuit aussitôt à toutes jambes. Celui-ci, attribuant ce fait à la familiarité ou à une faim excessive, y fit peu d'attention; mais le lendemain, l'animal ayant recommencé le même manége, Gothard, enflammé de colère, réprimanda sévè-

---

(1) Ce chien, devenu célèbre comme le compagnon obligé de saint Roch*, dont il est un des principaux emblêmes, a donné naissance à un proverbe universellement répandu : quand deux personnes sont toujours ensemble, on dit: « C'est comme saint Roch et son chien. »

Le chroniqueur de Maguelone a fait de cet intelligent animal une description d'autant plus intéressante, que tous les hagiographes sont muets sur ce point.

« *Aquel chyn non era gros; avia dos palms de aut, lo morre de color de gris e la esquina am tacas qui grandas, qui paucas, qui blancas, qui neras; e las cambas amb ortehls cortz e tres pes blancs, dos davan e lo ters daries á senestre.* »

En Italie, dit en note M. Moquin-Tandon, les chiens ainsi marqués furent longtemps en grande vénération.

* Une tradition montpelliéraine, représentée par M. Glaize dans le tableau de la mort du saint, prétend que ce fidèle animal n'abandonna jamais son maître, et donna à la mort de celui-ci les signes du plus grand désespoir. — Il est néanmoins très-probable, au contraire, d'après le silence de tous les biographes, que ce chien disparut aussitôt que Gothard fut venu trouver saint Roch dans la forêt.

rement ses domestiques, leur reprochant de ne pas donner à manger à son chien de prédilection. Les valets protestèrent contre cette accusation et exprimèrent aussi leur étonnement de la conduite de cet animal, qui disparaissait tous les jours pendant plus d'une heure. Gothard voulut vérifier par lui-même la vérité de cette assertion. Au repas suivant, le chien ayant encore enlevé un pain de dessus la table, il se mit, avec quelques amis, à sa poursuite. Quelle ne fut pas leur surprise de le voir s'approcher d'une mauvaise cabane et présenter le pain, en allongeant la tête, à un homme demi nu, dont il léchait les plaies purulentes! L'inconnu, prenant le pain, *bénit le bienfaisant animal* (1), qui s'acquittait de sa difficile mission avec une fidélité et une exactitude si scrupuleuses. Gothard, qui s'était avancé seul pour observer cette scène avec plus de soin, ne pouvait en croire ses yeux. Son cœur s'émut à ce touchant spectacle. Il admira les voies impénétrables de la Providence, qui nourrit les serviteurs de Dieu quand les ressources matérielles semblent leur manquer et les exposer à une mort certaine.

Intimement convaincu que ce pauvre solitaire était un homme saint et aimé du Seigneur, il s'approcha de lui avec respect et lui demanda

---

(1) Diedo. — Fermeluys dit aussi, dans son naïf langage :

Sainct Roch, prenant le pain pour sa réfection ;
Donne au chien de Gothard sa bénédiction.

son nom et son pays. Roch lui répondit qu'il n'était qu'un obscur pèlerin infecté de la peste, et l'engagea à s'éloigner de lui de peur de prendre son mal. Gothard, vivement attendri par une résignation si généreuse, le conjura d'accepter un asile dans son château et de permettre qu'il l'y fît transporter immédiatement. Malgré les plus vives instances, il ne put parvenir à décider Roch, qui, tout en le remerciant de son obligeante intention, le supplia *de le laisser là où Dieu lui-même l'avait mis !*

Gothard, quoique à regret, repartit avec ses compagnons de débauche. Pendant tout le trajet, il se tenait à l'écart et roulait dans son esprit les pensées suivantes (1) : « Combien je suis
» misérable et infortuné ! Mon chien, à qui la
» nature a refusé les dons de l'intelligence et
» qu'elle a classé parmi les brutes, a eu com-
» passion de ce pauvre malade et a été assez
» ingénieux pour lui apporter régulièrement sa
» nourriture de chaque jour; et moi qui possède
» tant de richesses, à qui la nature a accordé
» l'intelligence et le sentiment de la pitié, sa-
» chant bien que je ne fais aucune bonne action
» pour mériter de Dieu la récompense divine,
» j'attends avec insouciance le prix de mes œu-
» vres. Souffrirai-je que ce saint homme reste
» ainsi seul au milieu des ronces et des bêtes fé-
» roces, et y meure abandonné de tout le monde?

---

(1) Ce discours et les deux suivants sont traduits textuellement de Diedo.

» Que Dieu éloigne de moi tant de cruauté et
» d'indifférence ! »

Le lendemain matin, il déclara à ses amis que, touché par la grâce divine, il avait formé le projet de renoncer au monde et à tous les biens de la terre, et d'aller vivre dans la solitude et la pauvreté. Ceux-ci se moquèrent de lui ; mais, voyant que sa résolution était inébranlable, ils quittèrent à regret ce délicieux séjour, bien convaincus que cet *accès de folie* lui passerait bientôt.

Aussitôt après leur départ, Gothard, ayant renvoyé tous ses domestiques et distribué ses biens aux pauvres de la contrée, s'en alla seul et à pied jusqu'à la cabane du saint. Du plus loin qu'il l'aperçut, il se jeta à ses pieds en disant :
« O vénérable mortel ! je sens que je suis bien
» coupable envers toi et envers Dieu, par mon
» insensibilité à ton égard ; aussi je reviens vers
» ta cabane pour y rester avec toi et t'entourer
» de mes soins et de mon affection. Je te supplie
» humblement, en retour, de m'instruire et de
» me diriger dans la sainte voie de la piété, et de
» me former à la vie parfaite des solitaires. »

Roch lui répondit aussitôt : « Ton arrivée ici
» me comble de bonheur et de joie, car je suis
» convaincu qu'elle est le résultat de la volonté
» de la divine Providence plutôt que d'un pro-
» jet humain. C'est elle qui imprègne le cœur
» des hommes de la rosée de son esprit, qui
» prévoit de toute éternité ce qui doit arriver
» dans l'avenir, qui ne laisse passer aucune

» bonne action sans la récompenser avec lar-
» gesse. Dans ses impénétrables desseins, elle
» montre à ses élus la voie qu'ils doivent sui-
» vre; c'est pour cela que je me réjouis pour
» toi, frère bien cher, car c'est la main de Dieu
» qui t'a conduit ici, et qui te conduira certai-
» nement à la félicité éternelle! ». Ils continuèrent longtemps encore à épancher leurs âmes
emflammées de l'amour divin. Gothard se sentait transformé sous la parole persuasive et éloquente du pieux solitaire; son cœur ardent et
généreux ne demandait plus qu'à souffrir sur
cette terre et à mériter, par ses privations et
ses prières incessantes, la palme réservée aux
élus.

CHAPITRE IX.

Progrès de Gothard dans la voie de la sainteté. — Roch guéri par un ange. — Il délivre de nouveau Plaisance de la peste et guérit les bêtes. — Voix du ciel. — Il quitte l'Italie.

Les deux amis, absorbés par leurs pieuses réflexions, auraient oublié la marche du temps s'ils n'avaient fini par sentir les aiguillons de la faim. Ils s'aperçurent, en effet, tout à coup que le soleil était presque à la fin de sa course, et ils s'étonnèrent de n'avoir pas encore vu le chien, quoique l'heure de sa visite quotidienne fût passée depuis longtemps. Gothard, dont la foi toute nouvelle n'avait pas encore cette fermeté inébranlable qui caractérise les natures supérieures et saintes, demandait à son ami comment ils pourraient trouver de quoi se nourrir. Mais Roch lui répondit, avec une douce et sereine confiance, « que Celui qui gouverne toutes cho-
» ses avec sagesse ne les laisserait pas manquer
» du nécessaire. Cependant, continua-t-il, il a
» été ordonné aux hommes, par suite du péché
» de nos premiers parents, de gagner leur pain
» à la sueur de leur front. Prends donc ton bâton,
» ton sac, ton bonnet et ton manteau, et va
» parcourir tous les lieux du voisinage en de-
» mandant l'aumône de porte en porte. »

« — Je ne refuse aucune fatigue, ô mon père !
» répliqua Gothard, mais tous ceux qui habitent

» ces lieux me connaissent et ne voudront ja-
» mais croire que je sois devenu assez pieux ou
» assez pauvre pour en être réduit à mendier
» mon pain. » — « Imite Jésus-Christ et ses apô-
» tres, dit saint Roch : le Christ, qui, fils du
» Dieu créateur de toutes choses, n'eut pas
» honte de se faire homme et de demander sa
» nourriture aux hommes ; les Apôtres, qui,
» pour le suivre, avaient tout laissé et regar-
» daient comme une chose glorieuse d'implorer
» la charité publique. C'est, du reste, la volonté
» de Dieu, et il nous le fait comprendre en
» n'envoyant plus le chien qui m'apportait ma
» nourriture quotidienne. » Gothard, profondément impressionné par ces paroles, surmonta
la répugnance bien naturelle dans un homme
de sa qualité, et partit avec joie pour Plaisance.

Ce qu'il avait prévu ne manqua pas d'arriver. Dans toutes les maisons où il se présentait pour demander un morceau de pain, on lui riait au nez et on le mettait à la porte sans vouloir l'entendre. Plusieurs même l'insultèrent de la manière la plus odieuse, en l'accusant de se jouer ainsi des sentiments les plus sacrés et les plus respectables. D'autres, le regardant comme un fou, le prirent en pitié et ne firent aucune attention à lui.

Enfin, excédé de fatigues et de mauvais traitements, il se décida à aller trouver son ami le plus intime, qui lui avait toujours témoigné une affection et un dévouement à toute épreuve. Mais celui-ci ne l'eut pas plutôt reconnu qu'il

l'accabla des plus cruels reproches : « Pourquoi,
» lui disait-il, as-tu fait manger tant de chiens?
» Si tu les avais nourris plus sobrement et si tu
» n'avais pas eu une meute aussi nombreuse, tu
» ne serais pas aujourd'hui dans la misère ! Si
» tu avais jamais eu le moindre sentiment de
» pudeur et de délicatesse, tu aurais préféré
» mourir de faim dans ta maison que de men-
» dier ton pain en couvrant ta famille de dés-
» honneur et de honte ! Mais, puisque c'est par
» ta faute et par tes folies que tu es tombé dans
» un tel besoin et dans une telle misère, vis
» misérable ! Loin d'ici, scélérat ! loin d'ici,
» honte de ta famille ! tu mérites la hache et le
» marteau ! » Gothard, ne pouvant supporter plus
longtemps une pareille humiliation, se retira en
silence, et vint raconter à son saint compagnon
les douloureuses tribulations qu'il avait subies.
Il ne pouvait retenir ses larmes, surtout en pen-
sant à cet ami, sur l'affection duquel il avait
toujours compté, et dont il attendait au moins de
la bienveillance et de la pitié. Son cœur se bri-
sait à ce pénible souvenir. Roch lui fit comprendre, d'après cela, la vanité des liaisons
humaines, auxquelles on ne peut jamais se fier.
« Quant à ce faux ami, lui dit-il, qui repousse
» le serviteur de Dieu, il a déjà reçu son châti-
» ment. Il souffre en ce moment de la peste et
» sera mort demain avant le lever du soleil. »

    Ce qu'ainsi arriva, car en ceste même heure
    Le compère passa en la paste demeure.
  Saint Roch conneust cela par révélation !

Quelque temps après, la désastreuse épidémie ayant reparu plus violente que jamais à Plaisance, le héros de la charité chrétienne, touché de compassion pour cette ville, malgré sa révoltante ingratitude, résolut d'aller lui porter secours. Comme il n'était pas encore guéri de sa blessure, il eut beaucoup de peine à s'y traîner à l'aide de son bâton. Suivant son habitude, il alla directement à l'hôpital, où il guérit tous les pestiférés, en faisant sur chacun d'eux le signe de la croix. Il parcourut ensuite les différentes rues de la ville, consolant tout le monde par sa physionomie souriante et ses douces paroles, et guérissant au nom du Dieu vivant tous ceux qui se présentaient à lui. Enfin, au coucher du soleil, il retourna vers sa cabane.

On raconte que, tandis qu'il marchait seul dans la forêt, les bêtes féroces venaient se rouler à ses pieds, comme pour implorer son efficace protection.

> Mais, comme il cheminait vers son triste séjour,
> Il commença de veoir (à la faveur du jour)
> Grand nombre d'animaux qui cherchaient allégence
> Au mal qui les vexait et pressait à outrance.
> Le bienheureux sainct Roch, peu à peu s'approchant
> De la brutale trouppe, il conneut à l'instant,
> Inspiré du Très-Haut, qu'elle estoit tourmentée
> Du pestifère mal, qui l'avait transportée
> En ce lieu pour avoir de luy leur guérison,
> Le sainct, ayant au ciel dressé son oraison,
> Et sur les bruttes fait le signe vénérable
> De la croix, tout soudain, ô merveille admirable!

De leur prime santé paisibles jouissoient,
Et dedans les forêts gayement retournoient,
N'oubliant à sainct Roch rendre gloire et louange
Par leur geste brutal et mouvement estrange.

Grâce à son silence obstiné sur tout ce qui le touchait personnellement, le nom de Roch avait été jusque-là inconnu dans toute l'Italie, malgré l'éclat que ses miracles et ses vertus y avaient répandu depuis plusieurs années. Constamment animé du désir de rester ignoré des hommes, il avait cru cacher ainsi la réputation de ses bonnes œuvres ; mais *Celui qui exalte les humbles et relève les petits* voulut faire connaître solennellement le nom de cet homme extraordinaire. Un grand nombre d'habitants de Plaisance, guéris par lui dans la journée, l'avaient suivi à travers la forêt. Tout à coup, raconte Diedo, un grand bruit se fit entendre dans le ciel, une brillante lumière éclaira la forêt, et il en sortit une voix forte et harmonieuse, qui s'écriait : « Roch !
» Roch ! nous avons entendu ta prière et nous
» t'avons donné la santé ! Retourne maintenant
» dans ta patrie, où tu subiras, pour l'amour de
» Dieu, une dernière pénitence ; après quoi tu
» iras prendre place au paradis, parmi les saints
» et les bienheureux. »

Fermeluys raconte un peu différemment cette légende populaire :

Comme sainct Roch dormait, eust une vision
De l'ange, qui luy dist : « Roch, la contagion
» Qui ja par un long temps t'afflige et te tourmente
» Cessera tout soudain sa course violente.

» Sçaché que l'Éternel, acceptant tes soupirs,
» Ta patience au mal, tes célestes désirs,
» Tes travaux, tes douleurs, tes souffrances, tes peines,
» Tes actions d'amour, plus divines qu'humaines,
» Ta foy, ton espérance et de ta charité
» Les effets, ja brillants dedans l'éternité,
» Te donne maintenant ta santé corporelle,
» Et sa grâce en ton âme à jamais immortelle.
» Il veut que promptement en ton pays natal
» Tu retournes souffrir pour son nom nouveau mal,
» Afin qu'après le cours de ta mourante vie,
» D'autant plus soit ton âme aux plus hauts cieux
Cet oracle sacré, ce divin messager   [ravie. »
Ne disparut du lieu sans sainct Roch soulager,
Qu'il ne luy eust rendu, par sa vertu divine,
Le bonheur désiré de sa santé pristine.
Le bon Gothard, pour lors ne prenant son repos,
Entendit librement l'angélique propos,
Et plusieurs qui, atteints de ce mal pestifère
(Espérant de sainct Roch recours en leur misère),
N'estoient à ce désert venus à autre fin,
Que pour estre guéris de ce mortel venin.
Avec le bon Gothard ouïrent, chose estrange !
Ce qui avait été révélé par cet ange.

Tous ceux qui étaient présents, continue le pieux Vénitien, furent frappés de stupéfaction et de joie. Ils savaient enfin le nom de leur bienfaiteur, et personne ne pouvait mettre en doute la divinité de sa mission. Ils s'en retournèrent à Plaisance, chantant les louanges du Seigneur et répétant, au milieu des plus vives acclamations, le nom désormais immortel du pèlerin de Montpellier. Quelques-uns, animés

d'un violent désir de voir leur sauveur une dernière fois, s'enfoncèrent dans la forêt et parvinrent jusqu'à sa cabane. « Salut, bienheu-
» reux Roch, lui dirent-ils, nous venons te de-
» mander ta dernière bénédiction et te supplier
» humblement de ne pas mépriser notre ville,
» malgré ses torts cruels envers toi ; daigne les
» oublier et nous accorder ta puissante protec-
» tion. » Le modeste serviteur de Dieu comprit qu'il n'avait pas été seul à entendre la voix céleste ; il les bénit, leur promit de ne pas les oublier, et les supplia de garder le plus profond silence sur ce qui s'était passé dans la forêt.

Le lendemain, Gothard, voyant son maître complétement guéri et se rappelant les paroles de l'ange, lui prodigua les témoignages de la plus respectueuse vénération. Il eût voulu le suivre jusqu'à Montpellier, mais Roch l'engagea à passer sa vie dans la retraite et la solitude ; il consentit cependant à retarder son départ de quelques jours pour lui donner ses derniers avis. Gothard en profita si bien, qu'il fit, pendant longues années, l'édification de la contrée, et mourut en saint à un âge très-avancé, après une vie de jeûnes, de mortifications et de prières (1).

(1) Le nom et la vie de saint Gothard se trouvent dans les martyrologes, à la date du 25 février. On voyait à Plaisance, au siècle dernier, dans une église dédiée à sainte Anne, un tableau qui le représentait avec saint Roch, peint, disait-on, par Gothard lui-même.

CHAPITRE X.

Retour de Roch à Montpellier (1322.) — Sa longue captivité. — Procession pour la pluie. — Circonstances merveilleuses qui accompagnèrent sa mort (16 août 1327).

Après bien des fatigues, des difficultés et des dangers, le courageux pèlerin arriva, par une chaude et vaporeuse soirée d'automne, aux portes de sa patrie. Les formes irrégulières et pittoresques de l'antique cité lui apparurent enveloppées dans la lumineuse auréole d'un magnifique soleil couchant. A mesure qu'il approchait du Pila-St-Gély, la gracieuse silhouette des clochers, des tours et des remparts se dessinait plus nettement sur un fond d'azur et d'or. Son âme élevée et généreuse ne put, malgré le détachement le plus complet des choses de ce monde, se soustraire à la saisissante émotion que produit sur nous, après une longue absence, la vue du toit paternel. L'aspect de sa ville natale le ramenait à un ordre de pensées purement humaines; il éprouva un amer regret de l'avoir abandonnée pendant tant d'années.

Sous l'empire de ce rapide instinct de notre faible nature, il sentit un instant ce doute de l'avenir, cette indéfinissable douleur, ce vague découragement qui saisissent l'héroïsme, le génie, la vertu même, quand ils ont achevé la première moitié de toute grande œuvre, l'ascension et la victoire, et qu'il ne leur reste plus que la seconde moitié, la descente et le martyre. Il entendit bourdonner à son oreille ces voix (non plus du ciel, mais du foyer) qui rappellent l'homme au toit de ses premières tendresses, aux douces occupations de son enfance, au calme de ses premiers jours.

Harassé de fatigue, il s'assit sur un banc de pierre, situé à l'extrémité des deux rues Aiguillerie et Vieille-Aiguillerie (1). La foi vivace et indestructible qui l'avait entraîné et soutenu dans son héroïque pèlerinage eut bientôt chassé de son esprit ce rapide moment d'émotion, léger tribut payé par cette nature d'élite à la faiblesse et à la sensibilité humaines.

Quoique tant de bonnes œuvres et tant de miracles eussent déjà illustré sa vie, Roch, à cette époque, n'avait que vingt-sept ans. Cependant ses compatriotes ne le reconnurent pas. Sa physionomie extraordinaire, ses longs cheveux, sa barbe, ses haillons et l'air de mystère dont il s'environnait le firent prendre pour un espion. (Il existait alors une vive mésintelligence entre Jacques III, roi de Majorque, et Jacques II,

---

(1) C'est pour perpétuer le souvenir de cette station qu'autrefois on allait en procession de l'église de Notre-Dame-des-Tables jusqu'à la statue du saint, érigée en ce lieu. La révolution de 89 brisa la statue et supprima cet antique et pieux usage.

roi d'Aragon, au sujet de la seigneurie de Montpellier.) On l'arrêta et on le conduisit devant le gouverneur, Guillaume Roch de la Croix. Celui-ci l'interrogea sur son nom et sur sa patrie ; mais il ne put en tirer d'autre réponse que ces mots : « *Je suis un pauvre pèlerin, un ser-* » *viteur de Jésus-Christ.* » Soit qu'il eût intérêt à ne pas le reconnaître, soit qu'il ne pût réellement retrouver dans ce pèlerin hâlé, maigre et déguenillé, les traits de son jeune neveu, le vice-roi (1) ordonna à ses officiers de le conduire en prison et de le garder avec la plus grande sévérité (2).

Roch n'avait qu'un mot à dire, il était reconnu par son oncle et par conséquent sauvé ; mais, martyr volontaire, il voulut subir jusqu'au bout sa mystérieuse destinée. Pour le moyen âge, la résignation passive était une vertu.

En s'imposant, par son silence obstiné, cette nouvelle épreuve, Jean Roch payait un tribut à l'influence des idées de son époque. Il reflétait ainsi un côté tout particulier du milieu dans lequel il vivait, et dont il ne serait pas sans cela la complète expression.

Sous l'impression de cette pensée dominante,

---

(1) V. chap. II, p. 108.
(2) On se rappelle que Roch, après avoir distribué une partie de ses biens aux pauvres, avait laissé à cet oncle, en quittant Montpellier, tout ce dont les lois ne lui permettaient pas alors de disposer. Celui-ci était donc intéressé à ce que le retour de son neveu n'eût pas lieu;

il ne fit attention au lugubre aspect de l'horrible cachot dans lequel on l'avait jeté que pour remercier le Seigneur de l'avoir jugé digne de subir encore ces dernières souffrances. Il lui demanda en même temps la force et le courage nécessaires pour les supporter avec résignation ; il y passa cinq ans sous la surveillance la plus sévère et dans l'oubli le plus complet de la part des hommes et du gouverneur lui-même.

> Dedans cette prison le bon sainct demeura
> L'espace de cinq ans, là où il endura
> Et la faim et la soif, et toute autre misère
> Que l'on pourrait jamais au plus criminel faire.

C'est ainsi *que son oncle,* dit l'ancienne légende de Maguelone, *ne connaissant pas qui était celui que l'on allait ainsi persécutant, laissa croupir cinq ans son sang, son bienfacteur et une si haute vertu, dans la prison des plus mesprisez.*

Pendant que l'héroïque jeune homme subissait dans ce cachot ténébreux et infect le supplice le plus humiliant et le plus cruel, il semble que Dieu ait voulu faire sentir à ses ingrats compatriotes le poids de son indignation et de sa colère. L'année 1323 fait époque dans les annales météorologiques de Montpellier (1). Cinq mois entiers se passèrent sans qu'une seule goutte d'eau vînt rafraîchir la terre altérée. Les arbres se flétrissaient, et les blés, à peine nés, commençaient déjà à jaunir ; les fontaines et les puits étaient à sec. La famine, compagne

(1) *Carya magalonensis.*

inséparable d'un pareil fléau, faisait éprouver déjà ses plus terribles angoisses. Les hommes, pâles, décharnés, mangeaient les herbes qu'ils trouvaient par les chemins, et disputaient les pailles sèches à leurs bestiaux. Les enfants semblaient transis, les mères n'avaient plus de lait pour leurs nourrissons. Tout souffrait de la faim et de la soif dans la nature!

Bientôt une cruelle épidémie (1) vint augmenter encore la mortalité déjà si considérable. Il mourut, d'après la chronique du temps, beaucoup de citoyens distingués, une grande partie du peuple, deux chanoines de Maguelone et sept frères mineurs!

Hommes et femmes s'en allaient, la nuit, presque nus, en poussant des cris lamentables et se flagellant jusqu'au sang : les uns entraient à St-Firmin, d'autres à Notre-Dame-des-Tables et dans les principales églises, suppliant N.-S. Dieu de daigner apaiser sa colère.

Sur l'avis des consuls et par mandement de l'évêque de Maguelone, il fut fait, dans ce but, une procession générale à Montpellier. L'évêque y assista avec son vicaire, ses chanoines et ses officiers ; on y voyait aussi l'abbé de St-Guilhem et celui d'Aniane, le recteur de l'université, le seigneur bayle avec toute sa cour, les seigneurs consuls et consuls de mer, les ouvriers de la commune clôture et tous les métiers de la ville, rangés par échelles, portant leurs

(1) Affection de poitrine.

bannières déployées, enfin une foule immense, dans l'attitude du recueillement et de la dévotion.

On y porta en grande pompe la sainte épine des frères mineurs, dans une châsse d'argent, *si bien ornée que rien n'y manquait*, le corps saint de *mossen saint Cléophas*, les précieux restes de *mossen* Barthélemy, et beaucoup d'autres reliquaires sortis des églises et des couvents de Montpellier et des lieux environnants. Ensuite venaient les cierges des confréries, puis les processions des paroisses, les frères mineurs, les frères prédicateurs et autres, avec leurs torches, *disant leurs heures, regardant la terre et ne parlant pas les uns avec les autres*. Derrière eux, l'évêque portait avec respect *la majesté antique de Notre-Dame des Tables*, sous un magnifique dais, tout semé d'étoiles d'or et d'argent, bordé de brocart frangé, avec les armes du consulat en dehors et en dedans. Les bâtons du dais étaient tenus par les seigneurs consuls et des citoyens distingués de la ville, en grand costume. La majesté de Notre-Dame était précédée et suivie par les ménétriers du consulat.

Cinq cents jeunes garçons, pieds nus, conduits par un grand nombre de prêtres, chantaient en chœur les litanies de la Mère de Dieu ; ils étaient suivis par quatre cents demoiselles, également pieds nus et toutes vêtues de blanc, qui répétaient constamment leur *Ave Maria*, et par plus de mille femmes mariées ou veuves, disant *le* MISERERE *avec un regard triste et piteux.*

Il y eut, au dire de la chronique contemporaine, un peuple si nombreux, tant de reliques, de bannières et de luminaire, que de mémoire d'homme on n'avait jamais vu une procession générale si belle et si complète.

Cet immense cortége partit de St-Firmin, descendit par la Draperie et par la Pelisserie, entra à Notre-Dame-des-Tables pour y prendre en grande pompe la *Vierge noire*, et s'en alla hors la ville, par la porte de Lattes, jusqu'au pont du Gai-Juvenal (1). Là cette foule recueillie s'agenouilla en silence au pied de la croix qui s'élevait à l'entrée du pont, tandis que l'évêque plongeait trois fois dans les eaux du Lez l'image sacrée de la vierge Marie.

Tout le jour la grande et magnifique bannière du consulat resta déployée sur la porte de la maison consulaire, et toutes les cloches de la ville, tant grosses que petites, sonnèrent à grande volée.

Après la procession, le révérend Jean de Montlaur, prieur de St-Firmin, chanta la messe de la Vierge sur le parvis de son église, et le prieur des frères prêcheurs de St-Dominique,

---

(1) Gué Juvenal (*Vadum Juvenale*). — *Los senhors cossols et obriers processionalmen, am la procession de Sant-Fermi.... porteron la magestat antiqua de Nostra-Dona de Taulas à la ribieyra del Les, cantan las letanies et autres divinals oficis..... per lo portal de Latas tot dreg al pont de Gay-Juvenal, et aqui feron banhar en lo Les la dicha magestat de Nostra-Dona....*

qui était maître en théologie et excellent prédicateur, y prononça un très-beau discours. Enfin l'évêque de Maguelone octroya quarante jours de vrai pardon à tous ceux qui avaient suivi la procession, autres quarante jours à ceux qui avaient entendu la messe, et autres quarante jours à ceux qui avaient écouté le sermon.

« Et Notre-Dame, la bien heurée vierge Marie, nous envoya la pluie, ajoute le chroniqueur, de telle manière que, le sermon achevé, il plut; les blés, de même que tous les fruits de la terre, furent presque sauvés, et la mortalité cessa. »

Pendant ce temps, Roch, insatiable de souffrances, ajoutait encore aux tortures de sa dure captivité les pratiques de la pénitence la plus austère. Son corps, amaigri et décharné, était tellement affaibli par ses continuelles macérations, qu'il avait à peine la force de remuer ses membres étendus sur la terre humide. Cependant Dieu ne le laissa pas languir sans soulagement et sans consolation. Un messager céleste venait souvent lui renouveler l'assurance que le Seigneur tout-puissant et sa sainte Mère lui réservaient au paradis une place glorieuse.

Il passa ainsi cinq ans, uniquement occupé à glorifier Dieu et à remercier la miséricordieuse vierge Marie, en qui il avait mis dès l'âge le plus tendre une confiance sans limites, de l'avoir jugé digne de souffrir pour le Sauveur des hommes.

Au commencement du mois d'août de l'année 1327, sentant approcher le moment de sa délivrance, il demanda avec instance à ses gardiens de vouloir bien lui envoyer un confesseur. Le prêtre, en entrant dans ce sombre cachot, fermé de toutes parts, fut ébloui par une vive lumière, au milieu de laquelle la maigre figure du prisonnier resplendissait d'un éclat surnaturel. Émerveillé et confondu à ce spectacle, il n'osait élever la voix pour demander à Roch ce qu'il voulait de lui; mais celui-ci, se jetant à ses pieds, implora le pardon de ses péchés, et fit sa confession *avec un sentiment digne de sa longue patience, de sa pénitence et de la grande austérité qu'on avait toujours admirée en lui* (1). Aussitôt après il reçut le sacrement de l'Eucharistie.

En sortant de la prison, le ministre du Seigneur courut chez le gouverneur et lui raconta ce qui venait de se passer. Il lui dit qu'une grande injure avait été faite à Dieu, puisqu'un homme d'une éminente sainteté, étranger à toute espèce de faute, avait été tenu si longtemps dans le cachot des plus grands criminels.

Luy (le prêtre), voyant dans ce lieu et prison ténébreuse
Paroistre une clarté brillante et lumineuse,
Protesta que sainct Roch estoit chéri de Dieu,
Et qu'à tort il estoit détenu dans ce lieu ;
Que trop indignement on traictoit sa personne,
Que l'Éternel puissant de splendeur environne.

L'officier royal, vivement touché de cette nouvelle, se transporta à la prison, entouré déjà d'une foule innombrable, car le bruit du prodige

(1) *Bréviaire de Maguelone.*

s'était bien vite répandu dans la ville. Pendant ce temps, l'ange qui n'abandonna jamais saint Roch lui apparut et lui dit : « Le moment est venu où tu dois recevoir la récompense de tes vertus, ta place est marquée dans le ciel ; mais le Seigneur tout-puissant, voulant te récompenser même dans ce monde, si tu as quelque chose à désirer, pour toi ou pour d'autres, demande-le avant de quitter cette vie, et Dieu te l'accordera (1). » Jean, pénétré de reconnaissance, s'écria aussitôt: « O Père miséricordieux ! qui ne rejettes jamais celui qui met en toi sa confiance et son espoir, daigne préserver de la cruelle peste ceux qui te le demanderont en mon nom, non à cause de mes faibles mérites, mais par la grandeur de ta clémence et de ton infinie miséricorde ! »

Il avait à peine achevé cette généreuse prière, qu'il se sentit tout à coup transporté dans les cieux, et apprit *de la bouche de Dieu lui-même que sa demande lui était accordée*. Le Seigneur voulut, en effet, fait observer Diedo, qu'à son nom les pestiférés recouvrassent la santé !

Quelques instants après, il poussa un dernier soupir et rendit son âme à Dieu. C'était le 16 août 1327. Saint Roch était alors âgé de trente-deux ans. Sa vie avait été courte comme celle de son divin modèle, mais qu'elle avait été utilement remplie !

On raconte qu'à ce moment ceux qui entou-

(1) Diedo.

raient la prison aperçurent, à travers les crevasses des murs, une lumière éblouissante. Le gouverneur arrivait avec ses officiers; on ouvrit les portes du cachot et l'on trouva le corps du prisonnier inconnu étendu par terre, sans mouvement. Sa tête et ses pieds étaient entourés de brillantes auréoles. Près de lui se trouvaient des tablettes sur lesquelles étincelaient, en lettres d'or, ces mots : « Ceux qui, attaqués de la peste,
» auront recours à la puissante protection du bienheureux Roch, chéri de Dieu, en seront immédiatement délivrés (1) ! » Guillaume Roch de la Croix, émerveillé par de si incroyables prodiges, fit porter en grande pompe le corps du pèlerin mystérieux à l'église de St-Firmin, et, frappé par la coïncidence de ce nom avec le sien propre, alla raconter à sa mère ce dont il venait d'être le témoin. Celle-ci lui rappela que, douze ans auparavant, leur jeune neveu, dont les vertus naissantes avaient jeté un si grand éclat à Montpellier, était parti en pèlerinage pour la ville éternelle. « Il est, du reste, bien facile, lui dit-elle, de constater son identité : si c'est le fils de ton frère, il doit avoir une croix rouge

---

(1) *Bréviaire de Maguelone.* — Diedo. — Voici comment Fermeluys raconte ce miracle :

> Sur qui il fust trouvé une tablette escrite
> En lettres de fin or, qui asseuroit tous ceux
> Qui seraient affligés du mal contagieux,
> Ayant espoir en Dieu et aux prières sainctes
> De sainct Roch, ils seroient délivrés des atteinctes
> De la contagion !

du côté gauche de la poitrine. » On retrouva effectivement la croix miraculeuse, à la place indiquée, sur le cadavre du bienheureux Roch, et tous les habitants, tristes et consternés, vinrent successivement prier auprès de leur saint compatriote et implorer sa protection. Le gouverneur ne pouvait se consoler d'avoir causé la mort de son cher neveu, à qui il devait la plus grande partie de sa fortune; sa mère, déjà courbée et affaiblie par l'âge, ne survécut pas à un si désolant chagrin. Le corps de l'illustre martyr fut exposé pendant deux jours à la vénération de ses concitoyens, et le surlendemain, 18 août 1327, on célébra ses funérailles avec toute la solennité d'une cérémonie nationale.

FIN DE LA VIE DE SAINT ROCH.

APPENDICE.

CULTE DE SAINT ROCH [1].

Il commence le jour même de sa mort. — Concile de Constance (1414). — La réputation de sainteté du Guérisseur miraculeux se répand avec une incroyable rapidité dans toute l'Europe. — Monuments élevés en son honneur. — Miracles opérés par son intercession. — Histoire de ses reliques. — Ruse des Vénitiens. — Vœux des consuls de Montpellier (1640, 1664, 1721). — Translation des reliques d'Arles à Montpellier (31 mai 1838). — Choléra, recrudescence du culte de saint Roch à Montpellier. — Manifestations populaires. — Loterie. — Église monumentale.

La gloire de saint Roch, après sa mort, appartient à son histoire ; elle achève d'en rehausser l'éclat, de confirmer et de corroborer solennellement les actions miraculeuses de sa vie. L'antiquité du culte voué à sa mémoire n'est pas discutable (2) ; il commença au moment où l'héroïque martyr de la charité rendait le dernier soupir, et les honneurs funèbres qu'on lui prodigua témoignent qu'il présida même à ses funé-

---

(1) Nous laisserons à des mains plus dignes et plus savantes le soin de recueillir et de publier l'intéressante histoire du *culte de saint Roch*. Nous n'en dirons ici que les quelques mots indispensables pour clore cette étude biographique, en indiquant comment cette vie de foi, de charité et d'amour a été universellement répandue et glorifiée.

(2) Le culte régulier et officiel de saint Roch date seulement, il est vrai, comme nous le verrons tout à l'heure, de 1414 ; mais jusque-là, et depuis le jour même de sa mort, il avait été pratiqué mentalement et comme par instinct. La voix du peuple s'est fait entendre la première ; l'Église y a plus tard joint la sienne, par manière de sanction.

railles. On ne peut guère douter, dit un de ses plus sévères biographes (1), que la dévotion particulière du peuple à son tombeau n'ait commencé dès le jour de sa mort, et qu'elle n'ait toujours été en augmentant. Les diverses traditions relatives soit à la maison qu'il habita (2), soit au banc de pierre sur lequel il se reposait (3), lorsqu'à son retour dans sa ville natale il fut arrêté pour être jeté en prison, soit au bâton dont il s'était servi pendant son long pèlerinage (4), remontent incontestablement jusqu'à cette époque.

(1) Baillet.
(2) V. pag. 104.
(3) Ce banc était situé à l'angle formé par la jonction des deux rues de l'Aiguillerie et de la Vieille-Aiguillerie. Il a subsisté jusqu'à ces derniers temps, et les personnes qui l'ont vu se rappellent que les enfants, par respect, s'abstenaient de jouer dessus, quoiqu'ils aimassent beaucoup à s'y asseoir. On avait enchâssé autrefois, dans la muraille de la maison à laquelle il était adossé, une image de saint Roch, sculptée en relief sur une grande pierre. Cette pierre étant venue un jour à se détacher, au moment d'une dispute, et étant tombée sans blesser personne, on considéra ce phénomène comme une intervention du saint, et on se réconcilia, dit-on, aussitôt. On la remplaça par une petite statue, devant laquelle le clergé de Notre-Dame fut longtemps dans l'usage d'aller faire station chaque année. Il ne reste plus actuellement aucun vestige ni du banc, ni de la statue. (*Note de M. Germain.*)
(4) « Le bâton avec lequel le saint fit ses voyages, » lit-on dans le manuscrit de Pierre Serres, procureur à la Cour des aides de Montpellier, « se conserve dans le couvent des Trinitaires de Montpellier, dans une armoire bâtie dans une chapelle construite à son honneur, et on va voir ce bâton avec beaucoup de dévotion le jour de la fête. On n'a jamais pu connaître de quel bois il est, étant de la grosseur du bras, avec un petit cercle de fer à chaque bout, et un petit chérubin au haut, en relief, travaillé par ce saint. Ce bâton fut donné à ces religieux par Mme de Saragosse, qui se dit être de la famille de saint Roch. » (Voir le procès-verbal de ce bâton. —

Dès l'année 1328, son oncle, *expiant sa faute par ses larmes*, fit bâtir une église où fut déposée sa dépouille mortelle, *et ou par plusieurs années on la vit reluire de signes et de miracles* (1).

Le calendrier du *petit Thalamus*, dont l'écriture remonte au commencement du XIVe siècle (2), porte au 16 du mois d'août la mention de la fête de saint Roch. Cette précieuse chronique atteste l'existence d'une chapelle de Saint-Roch, située hors de la ville, où les habitants de Montpellier allèrent en procession, l'an 1505, pour implorer la protection de leur puissant compatriote, contre la peste qui les menaçait. En 1507, un Montpelliérain, Jacques Capous, y fonda, par testament, une messe quotidienne à perpétuité (3). Est-ce la même chapelle qui avait été élevée, à la mort de Roch, par son oncle? Il serait difficile de l'affirmer aujourd'hui; aucun document, aucune tradition populaire ne nous en désignent ni le lieu, ni l'existence. Cependant, un siècle plus tard, en 1619, Jean Fermeluys déclare qu'on la voyait encore de son temps.

> Et, pour éterniser de sainct Roch le renom,
> Dès lors il (son oncle) fit bastir une église en son nom,
> Où le peuple chrestien, catholique et fidèle
> Adore *maintenant* la bonté éternelle.

Pièces justificatives, N° II.) Le bâton de saint Roch, conservé par les Trinitaires de Montpellier, fut brûlé pendant la Révolution de 1793 *.

(1) Brev. Mag., Gariel, etc..., tous les biographes du saint, s'accordent à ce sujet.
(2) Soc. arch. de Montp.; 8e liv., dec. host. N° 4, introd.
(3) *Gr. Thalamus*, fol. 224.

* Les Bollandistes, ajoute M. Germain, en forme de commentaire de la citation précédente, mentionnent un *autre* bâton de saint Roch, que possédait, à la même époque, la famille de la Croix de Castries. Cet autre bâton est le même que celui des Trinitaires, car madame de Saragosse n'est autre que noble Isabeau de la Croix, à la requête de laquelle furent faites les deux pièces justificatives I et II, et qui donna ce bâton aux Trinitaires.

Tout porte à croire néanmoins, malgré l'assertion du maître d'école parisien, que la chapelle dont il est question, dans le *grand* et le *petit Thalamus*, fut érigée seulement au commencement du XVe siècle, dans l'église des frères prêcheurs. Elle a été détruite, comme tant d'autres, par le vandalisme protestant, avec le couvent qui la renfermait.

Quoi qu'il en soit, la réputation de sainteté du martyr de la charité et de l'humilité chrétiennes s'accrut d'autant plus, à Montpellier et dans les pays environnants, que l'on apprit bientôt les merveilles opérées par lui pendant les sept années de son séjour en Italie. De leur côté, les Italiens, qui n'avaient pas oublié les guérisons miraculeuses dues à l'infatigable dévouement de l'*Envoyé de Dieu*, ayant eu connaissance des prodiges qui accompagnèrent sa mort, l'honorèrent comme un saint. Avant la fin du XIVe siècle, les restes mortels du célèbre Montpelliérain étaient déjà l'objet de la plus grande vénération. En 1399, Geoffroi de Boucicault (Jean le Maingre), maréchal de France, ne voulut d'autre récompense, pour prix de grands services rendus au Languedoc, qu'une partie de ces reliques (1).

Le culte de saint Roch n'avait pourtant pas reçu, à cette époque, la sanction officielle de l'Église. Sa canonisation devait présenter encore quelque chose de solennel et d'inusité. En 1414, un concile œcuménique, assemblé à Constance, sous la présidence du vertueux et savant Jean Gerson, se vit sur le point d'interrompre tout à coup ses travaux, par l'apparition d'une épidémie contagieuse. On fit une procession générale, dans laquelle fut portée l'image du *Guérisseur miraculeux*, dont on invoqua la puissante protection.

(1) Il en fit don, plus tard, au couvent des Trinitaires d'Arles.

Le fléau disparut presque subitement (1), et, avant de se séparer, les membres de l'auguste assemblée canonisèrent, par acclamation, l'illustre Montpelliérain.

Depuis ce jour, la gloire du *Préservateur de la santé publique* se répandit par toute la terre avec une inconcevable rapidité : elle devint bientôt universelle. Des temples magnifiques, de simples chapelles, des autels, des statues furent érigés en son honneur, en France, en Italie, en Espagne, en Allemagne, et jusqu'aux extrémités les plus reculées du nord de l'Europe (2). Un auteur italien du XVe siècle, Philippe de Bergame, dit que les particuliers lui élevaient même de petits sanctuaires domestiques dans l'intérieur des maisons (3).

Les innombrables miracles opérés par l'intercession de saint Roch

> En tant et tant de lieux, de villages, de villes,
> De cités et de bourgs, et sur tant de familles,

ne peuvent être rappelés ici (4). Ce serait le cas de ré-

---

(1) *Quo facto, pestis mox evanuit.* (BARONIUS, *in notis ad martyr.* Rome.)

(2) Le bréviaire de Sleswig (Danemark) contient l'office propre de saint Roch, dans lequel sont retracés les principaux traits de sa vie.

(3) *Supplementum chronicarum*, imprimé à Brescia, en 1485.

(4) Voici quelques vers assez curieux d'un médecin du XVIe siècle, écrits après la peste de 1490, qui désola le nord de l'Europe, et contre laquelle un grand nombre de villes avaient éprouvé le secours de saint Roch :

> Sire sainct Roch, de Dieu amy,
> Moult dévotement je te pry
> Que moy, ton humble serviteur,
> Me garde de ce haut perir
> De la peste que voy courir !
> Hélas ! qui saurait bien conter
> Tes miracles et raconter
> Ceux que tu as faits en ta vie !
> Par toi cessa l'épidémie
> De Tournay, Abbeville, Amiens.....

D'autres poëtes ont célébré la gloire du saint en beaux vers latins, qu'on peut lire dans les Bollandistes.

péter la pensée naïvement hyperbolique du pieux conteur-poëte :

...... Un siècle entier n'aurait assez de jours
Pour narrer amplement un si ample discours !

Presque toutes les biographies de l'immortel pèlerin ont dû le jour à un sentiment de reconnaissance pour la protection accordée par son entremise à des villes entières (1). Des milliers d'églises ont été édifiées par le même motif, entre autres l'importante église paroissiale de Saint-Roch, à Paris, bâtie en 1580.

L'histoire de ses reliques et des nombreuses distributions qui en ont été faites par toute la terre mériterait un article spécial qui sortirait de notre cadre (2). La possession d'une partie de ses précieux restes était enviée de toutes parts ; mais rien n'égale à ce sujet le zèle et l'enthousiasme des Vénitiens. Le moyen hardi qu'ils mirent en œuvre pour s'en procurer mérite d'être signalé entre tous. Ce trait caractéristique des mœurs de l'Italie, au XVe siècle, donne la mesure de l'importance qu'on attachait déjà à ces ossements vénérés. C'était en 1485 : exposés plus qu'aucun autre peuple

(1) Voir la note I sur les biographes.
(2) Cette histoire a été traitée avec assez de détails par M. l'abbé V...., ancien curé de Saint-Roch à Montpellier. — Voici la liste des principaux pays qui possèdent quelques parcelles du corps de saint Roch : royaume de Grenade (1504); — Villejuif, près Paris (1533); — Marseille, les Mathurins (22 mai 1557); — Rome (1575); — Douai, en Flandre, couvent des Trinitaires (1617); — Turin (Piémont); — Anvers (parcelle tirée de la chapelle royale du Portugal); — Rome, St-Sébastien, St-Marcel, Ste-Marie-Neuve, Ste-Anne et la Victoire; — Castries, près Montpellier (perdues à la révolution de 1793); — Paris, église St-Roch (1576); — Versailles, église St-Louis (demandé par Maria Leczinska, femme de Louis XV); — Bruxelles, — Pragues; — Allemagne; — Autriche; — Cologne, dans le Luxembourg; — Dindermoode, en Flandre ; — Saint-Laurent-de-l'Escurial, en Espagne; — Césène, en Italie, etc.

aux dangers des épidémies, par suite de leur commerce continuel avec l'Orient, les habitants de Venise (1) résolurent de s'emparer des reliques dont Montpellier ne voulait se dessaisir à aucun prix. On raconte (2) que douze d'entre eux, déguisés en pèlerins, vinrent dans la patrie de saint Roch, sous le prétexte d'implorer sa protection. Abusant de la confiance avec laquelle on les laissa approcher du dépôt sacré, ils le dérobèrent, on ne sait comment, et l'emportèrent furtivement à Venise. Grande fut la joie du peuple de Saint-Marc! Le nouveau palladium fut reçu en grande pompe, au milieu des démonstrations de la joie la plus vive, et on bâtit en son honneur une somptueuse église.

On pourrait citer encore les nombreuses confréries instituées dans toute l'Europe, sous le patronage du Guérisseur miraculeux, qui, renouvelant d'âge en âge les prodiges de sa charité, se sont toujours dévouées, à son exemple, au soulagement des pauvres et des malades.

Mais ce que nous avons dit suffit, sans nul doute, pour faire voir que le temps, au lieu d'effacer le nom de saint Roch, n'a fait, au contraire, que le graver plus profondément dans la mémoire des hommes et lui donner, chaque jour, plus de titres à leur reconnaissance. Les innombrables miracles opérés depuis sa mort, et le culte toujours plus répandu de son nom et de ses vertus, couronnent dignement les faits merveilleux de cette vie si simple, si courte et si grande, dont ils sont la plus irréfutable consécration.

---

(1) Ils étaient, en outre, parfaitement instruits du pouvoir surnaturel de saint Roch, dont un de leurs compatriotes (Diedo) venait tout dernièrement (1478) de publier la vie, avec des détails jusque-là peu connus.

(2) Pierre Racine. *Vie de saint Roch*. Paris, 1731.

Montpellier, quoi qu'on ait dit, n'est pas resté étranger à la gloire du plus illustre de ses enfants. « L'excellente
» population qui, depuis la mort du célèbre confesseur,
» n'avait cessé de se transmettre d'âge en âge, comme
» un précieux trésor, les suaves légendes et les patrio-
» tiques souvenirs concernant sa personne, qui gardait
» en dépôt ses cendres miraculeuses et son vieux bâton,
» qui respectait sa maison à l'égal d'un temple, et ne
» passait jamais sans incliner dévotement la tête devant
» la place où il reposait quand on l'arrêta pour le plonger
» dans un cachot (1), » ne pouvait laisser sa mémoire dans le silence et dans l'oubli.

Après les tourmentes révolutionnaires du protestantisme, les respectueuses sympathies des Montpelliérains pour leur illustre compatriote se produisirent de nouveau au grand jour. Déjà, en 1617, les Trinitaires de cette ville avaient obtenu, de leurs confrères d'Arles (2), quelques parcelles du corps de saint Roch, qui disparurent durant la réaction protestante. Une fois le calme définitivement rétabli, l'autorité publique de la catholique cité protesta officiellement de sa confiance et de sa vénération pour le glorieux martyr de la charité. Lors de la peste de 1640, les consuls firent un vœu solennel, le dimanche 27 mai de la même année, par lequel ils s'engagèrent « à orner une chapelle en l'honneur de
» saint Roch, dans la cathédrale de St-Pierre, et à venir
» en robbe rouge, au jour de la feste dudit sainct, pour

---

(1) Germain.
(2) Ces derniers possédaient une portion considérable du corps de l'héroïque confesseur, présent du maréchal Boussicault. L'autre partie, grâce à la pieuse fraude des Vénitiens, avait été à l'abri de la fureur des modernes iconoclastes. Il semble que Dieu ait voulu préserver ainsi ces précieuses dépouilles de la destruction qui les attendait infailliblement à Montpellier, pendant les guerres de religion.

» y renouveller le présent vœu, confès et communiez,
» exortant leurs successeurs, à l'advenir, de faire le sem-
» blable à pareil jour (1). » En commémoration de cette
cérémonie, on fit faire un tableau, qu'on voyait encore
à la cathédrale dans ces dernières années, *où les consuls
fesant les vœux sont dépeints*.

Cette pieuse coutume s'est maintenue jusqu'à l'incorporation définitive de la commune de Montpellier à la monarchie française. Un seul changement y fut apporté, relativement au lieu de l'exécution. Par ordonnance épiscopale du 29 février 1664 (2), rendue sur la demande de l'autorité consulaire, exposant « que, Dieu ayant
» exaucé leurs prières en ce temps-là (1640), par la ces-
» sation de la peste, et d'autant que depuis le dict temps
» l'esglise paroissiale del Nostre-Dame a esté rebastie,
» et qu'en icelle a esté faicte une chapelle en l'honneur
» de sainct Roch, en laquelle il seroit plus commode et
» plus à l'édiffication de tout le peuple que le dict vœu
» fust rendu à l'advenir, plustost qu'en la dicte esglise
» cathédrale, quy est à l'extrémité de la ville, et fort
» incommode pour le concours du peuple, » l'évêque
François Bosquet *permet et ordonne* « que lesdits con-
» suls de la ville de Montpellier, et leurs subcesseurs en
» la dicte charge, rendront le susdit vœu annuellement,
» au jour de la feste de sainct Roch, et en la forme et
» manière susdites, dans la chapelle dédiée à sainct
» Roch, dans la dicte esglise paroissiale de Nostre-
» Dame. »

Pendant la peste de Provence de 1721, les consuls viguiers, qui faisaient dire tous les jours une messe dans cette même chapelle, y firent placer un tableau du saint avec cette inscription :

(1) V. Germain, t. III. — Pièces justificatives, p. 504.
(2) V. *idem*, p. 506.

BEATO ROCHO
CONCIVI SANCTISSIMO
CIVIT. ET COSS. MONSPELL.
OPEM QUAM SÆPIUS EXPERTI SUNT
CONTRA IMPENDENTEM LUEM IMPLORANT (1).

Après la révolution de 1789, le sentiment d'une dévotion spontanée fit ériger à Montpellier, en l'honneur de saint Roch, une succursale qui, peu de temps après, fut transformée, par ordonnance royale (1829), en cure de seconde classe.

Dès l'année 1809, une relique, revêtue de tous les caractères de l'authenticité, avait été octroyée à la nouvelle église; mais l'exiguité de cette vénérable parcelle n'était pas suffisante pour la patrie d'un si grand saint. Le zèle infatigable et les persévérantes instances de M. l'abbé V...., alors curé de St-Roch, obtinrent de l'archevêque d'Arles (2) et des autorités de cette ville une partie notable des ossements provenant du don fais au maréchal Boussicault. Comment dépeindre les élans de joie et de reconnaissance que fit éclater la population montpelliéraine le 31 mai 1838, jour de la translation des saintes reliques? Toute la ville était pavoisée de guirlandes, de draperies, de devises et d'inscriptions en l'honneur de saint Roch. Les rues, couvertes de sable et parsemées de fleurs, ne pouvaient contenir les flots tumultueux d'une foule enivrée. Une interminable procession, composée de tous les individus valides de Montpellier et des pays environnants, se porta, sur la route de Nîmes, au-devant du digne prêtre chargé du dépôt sacré. Rien ne peut donner une idée de l'enthousiasme patriotique et

(1) *Sommaire du cérémonial de Montpellier*, tom. I. — Au bienheureux Roch, leur très-saint concitoyen, la ville et les consuls de Montpellier demandent instamment ce qu'ils ont souvent obtenu, son secours contre la peste menaçante.

(2) D'Aix et d'Embrun.

religieux qui transportait tous les cœurs. Ce fut une fête véritablement nationale!... Ce jour, à jamais mémorable dans le souvenir des habitants de Montpellier, est la preuve la plus éloquente des sentiments d'amour, de foi et de vénération qu'ils ont toujours professés pour leur illustre compatriote. Le récit de cette imposante et solennelle réception est la meilleure réponse que l'on puisse faire à *ces philosophes dédaigneux* qui rient des croyances les plus saintes, et vont partout, criant : « La foi est morte, on ne croit plus à Dieu ! »

Depuis lors les invasions successives du choléra, dont la ville de Montpellier a été chaque fois presque exempte, sont venues prouver à ses habitants l'incessante protection de leur puissant concitoyen, et donner une nouvelle impulsion au culte de l'immortel pèlerin. L'année dernière encore, l'apparition du terrible fléau a été l'occasion d'une de ces manifestations populaires dont on ne peut méconnaître l'immense portée (1). La piété privée s'est exprimée de mille manières : de petits sanctuaires domestiques ont été érigés dans l'intérieur des maisons, sous l'invocation de saint Roch ; une fontaine a été élevée en son honneur (2), par la reconnaissance de quelques citoyens ; et, tout dernièrement enfin, deux jeunes marchands de Montpellier ont eu l'heureuse idée, en s'établissant dans la maison où est né l'immortel pèlerin, de lui rendre un hommage public et de consacrer ainsi définitivement une tradition qui commençait peut-être à se perdre (3).

Ces diverses manifestations particulières sont l'ex-

(1) Voyez préface, p. VIII, note, et p. 104, note.
(2) Fontaine de St-Roch, rue du Gagne-Petit.
(3) Bon nombre d'habitants de Montpellier ont connu seulement, par le tableau et par l'inscription (*Maison de Saint-Roch*) de MM. Fabre et Honoré l'emplacement de la maison qui a vu naître leur glorieux compatriote.

pression de la pensée publique, de l'opinion générale. Malgré l'incrédulité systématique et l'insouciante légèreté dont le XIX⁰ siècle semble faire parade, pour tout ce qui touche aux questions religieuses, le culte de saint Roch a éprouvé, dans ces dernières années, une recrudescence considérable. On s'est tourné avec confiance et respect vers cet obscur pèlerin, dont la vie fut si humble et si cachée, qu'à peine peut-on en produire aujourd'hui les principaux faits, et dont cinq cents ans d'intervalle, de critique, de scepticisme et même de dénégations absolues n'ont fait qu'étendre et consolider chaque jour davantage la merveilleuse renommée ! Et pourtant Montpellier, qui l'a vu naître et mourir, qui a éprouvé tant de fois, dans des époques désastreuses, les effets de sa puissante protection, qui célèbre tous les ans la fête de ce héros chrétien avec la solennité d'une cérémonie nationale, qui se précipite avec un inexprimable empressement, le jour anniversaire de sa mort, dans la maison qui l'a vu naître, pour recueillir quelques gouttes de l'eau dont il s'est abreuvé, ne possède même pas un temple en l'honneur de saint Roch (1) ! Cette regrettable lacune va être enfin comblée ; la loterie qui s'organise, sous le patronage de l'autorité municipale et avec le concours des hommes les plus honorables de Montpellier, fournira bientôt les moyens d'élever, en l'honneur du glorieux pèlerin, du Guérisseur miraculeux, de l'héroïque martyr de la charité et de l'humilité chrétiennes, une église monumentale, témoignage impérissable de l'amour, de la vénération et de la reconnaissance de ses concitoyens !

(1) La prosaïque et mesquine église paroissiale placée sous son invocation est indigne et du grand saint qu'elle veut honorer et de la cité dont elle fait partie.

NOTES.

1.

LES BIOGRAPHES DE St ROCH.

Nous l'avons déjà dit, en passant (1), le seul biographe original de saint Roch, c'est François Diedo. Les autres *Vies* de l'illustre Montpelliérain proviennent toutes de cette source commune, qu'elles se contentent de copier ou de résumer (2). Pierre de Natalibus, en 1493; Jean de Pins, évêque de Rieux, en 1516; Pierre-Louis Maldura, en 1516, et Paul-Mathias Éburon, en 1635, ont raconté, d'après Diedo, les actions merveilleuses du célèbre pèlerin. Le *Bréviaire de Maguelone*, Baillet, M. Sicard, dans la *Biographie universelle* de Michaud, et M. l'abbé Vinas, ancien curé de St-Roch, en ont reproduit les principaux traits. Une foule d'autres opuscules sont venus, à différents intervalles, proclamer la puissance surnaturelle du Guérisseur miraculeux et la reconnaissance des populations pour leur infatigable

(1) Préface, p. vi.
(2) Une seule, d'un auteur anonyme, recueillie par les Bollandistes, sous le titre d'*Acta breviora*, paraît antérieure à l'œuvre du savant Vénitien, mais elle est d'une concision désespérante.

protecteur. Un seul, très-rare aujourd'hui, présente de l'intérêt : c'est l'*Histoire sacrée de la vie, mort et miracles de saint Roch, poëme spirituel, rédigé par escrit et mis en vers françois par Jean Fermeluys l'aisné, escrivain et maistre d'escolle, imprimé à Paris en* 1619. Ce curieux document, qu'après bien des recherches infructueuses nous sommes parvenu à nous procurer (1), est bien précieux au double point de vue historique et littéraire. S'il n'ajoute rien aux faits contenus dans l'œuvre de Diedo, il les embellit et les colore de pieuses et mignardes amplifications, dont l'affectation même vous séduit et vous charme. A ce point de vue donc, l'œuvre de Fermeluys est originale. Diedo pour le fond, Fermeluys pour la forme, voilà en réalité les deux seuls biographes de saint Roch.....

Le reste ne vaut pas l'honneur d'être nommé !

François Diedo, noble patricien de Venise, très-savant dans le droit canon et civil, était gouverneur de Brescia lors de la peste de 1477. C'était, dit un historien contemporain, Philippe

---

(1) Nous devons cette bonne fortune à un de nos camarades de l'école d'administration, M. Émile Mabille, attaché à la Bibliothèque impériale, et à la généreuse obligeance du digne et excellent curé de St-Roch, M. l'abbé Recluz. — L'ouvrage de Fermeluys se trouve inscrit dans la *Bibl. hist. du père Lelong*, sous le N° 4653. — La Bibliothèque impériale en possède un bel exemplaire de 76 pages, relié en parchemin. Il est catalogué sous la note **D'''** 2349.

de Bergame, un des citoyens les plus éminents de la fière république. « A cause de son talent
» et de son éloquence, il fut envoyé comme
» *orateur* auprès du pape et des princes les plus
» puissants de la chrétienté. Il fut traité partout
» avec le plus grand respect. Il avait écrit d'une
» manière remarquable des lois, des poëmes et
» des histoires, et il comprenait avec une mer-
» veilleuse perspicacité les points les plus déli-
» cats de la philosophie et de la théologie. »

Épouvanté des ravages que l'épidémie causait à Brescia, le pieux gouverneur fit vœu, ainsi qu'il le raconte lui-même dans la préface adressée à la république et à la cité de Brescia, d'écrire l'histoire de saint Roch et de lui consacrer un temple. Pendant qu'il travaillait à son œuvre et que les fondements de l'église s'élevaient, le fléau disparut, *Rochi precibus ac Dei clementiâ;* et ce fut, ajoute-t-il, comme si la ville de Brescia n'avait jamais été infestée de la peste!

L'œuvre de Diedo, écrite dans un latin correct et élégant, dénote chez son auteur une connaissance familière et approfondie des grands poëtes de l'antiquité. Les discours et les prières y tiennent une place considérable, et la foi si chrétienne et si profonde de l'hagiographe ne s'y montre qu'à travers les oripeaux les plus vulgaires du paganisme classique. Les expressions, les métaphores, les épithètes, les réflexions et les exemples sont, le plus souvent, des réminiscences empruntées aux écrivains de l'ancienne Rome.

Le philosophe vénitien a subi l'inévitable influence de son siècle ; il n'a pu secouer ce vieux manteau en haillons que tout écrivain s'est cru si longtemps et se croit presque encore obligé de revêtir. Son œuvre, quoique écrite avec des documents incertains, comme il le dit lui-même, est pourtant bien précieuse à nos yeux. C'est le recueil des légendes et des traditions populaires qui s'étaient perpétuées en Italie jusqu'à la fin du XVe siècle. Aussi le livre du gouverneur eut-il un grand succès ! (L'expédition audacieuse des Vénitiens, en 1485 (1), en fut la conséquence.)

On ne lira pas sans intérêt les éloges qu'un contemporain, Pierre-Louis Maldura, savant dominicain, docteur en théologie et professeur à l'université de Bologne, — qui devait, lui aussi, écrire plus tard la vie de saint Roch, — adresse au noble patricien. Après l'avoir salué de *très-grand et très-illustre sénateur, nourrisson de la philosophie, jurisconsulte éminent en droit canon et civil*, etc., etc......, il le félicite « d'avoir retiré de l'oubli
» et mis au jour les actes admirables d'un si
» grand homme et d'avoir publié ce travail, d'un
» style supérieur, à la louange du divin Roch,
» soit à cause de l'élégance et de l'érudition du
» discours, soit à cause du nombre et du poids
» des documents, qui le mettent à l'abri de la
» critique la plus difficile et la plus malveillante
» et des recherches les plus savantes. » Il termine sa lettre en disant que, « grâce au travail

---

(1) V. Culte de saint Roch, p. 208 et 209.

» et au pieux dévouement de l'infatigable gou-
» verneur, la vie de saint Roch, *qui était restée*
» *jusqu'alors inconnue*, sera dans l'avenir la plus
» certaine et la plus authentique. »

Sans adopter exclusivement les exagérations naturelles d'un contemporain, simple frère prêcheur, s'adressant à un homme d'une position considérable, nous sommes heureux de payer notre tribut d'éloges et de reconnaissance à la mémoire du généreux écrivain qui a sauvé de la destruction et de l'oubli des légendes si intéressantes et si précieuses.

C'est à un autre point de vue que l'œuvre du maître d'école parisien présente de l'intérêt. Aucune notion historique, aucun fait nouveau, ne viennent compléter la physionomie de son héros (1); le style seul, c'est-à-dire la couleur et la forme, en est original.

Les mêmes sentiments de foi et de reconnaissance qui avaient poussé Diedo à écrire la vie du Guérisseur miraculeux inspirent à Fermeluys une pensée analogue. Laissons-le développer lui-même, avec sa naïve franchise, les raisons qui l'ont poussé à composer ce *Poëme spirituel*,

(1) « Traité que j'ay pris et tiré le plus exactement qu'il m'a esté possible de plusieurs légendes des vies des saincts, tant anciennes que modernes; conformément aussi à ce qui est représenté par les figures estant en la tapisserie qui se voit ès fêtes solennelles en la chapelle desservie sous le nom de ce grand sainct, en l'église et paroisse royale de St-Germain-l'Auxerrois. »
(FERMELUYS. — *Au lecteur.*)

histoire autant véritable et saincte qu'admirable et miraculeuse : « La première est que, toutes fois
» et quantes que ce très-chrestien royaume de
» France, et principalement la ville de Paris,
» a esté affligé de la maladie contagieuse,
» ayant eu recours à Dieu par les mérites saincts
» de la Vierge sa saincte mère, et mérites et
» prières du bienheureux Roch, il est certain
» qu'elle a toujours recosgnu les effets du cé-
» leste secours, et que Dieu en a retiré son fléau
» et dissipé les orages pestilentieux qui l'agi-
» taient, comme il se verra par la suite de cette
» histoire ; la deuxième est le temps et la saison
» où nous sommes (1619), qui nous menace
» d'une telle tempeste et ruine si déplorable ; la
» troisième, qui me touche en particulier, est
» qu'en l'an 1606, au mois de juillet, le mal con-
» tagieux fesant ressentir à plusieurs la rigueur
» de ses cruelles et mortelles atteintes, la mai-
» son où lors je faisais ma demeure fut tellement
» infectée de ce poison mortel, que plus de dix
» à douze personnes, tant hommes que femmes,
» grands que petits, furent que frappez, que
» morts. Dieu m'en ayant, par son infinie bonté,
» prières de la sainte Vierge et intercession du
» grand sainct Roch, préservé et garanty, et
» redonné la guarison et la santé à mon espouse,
» qui en fut lors cruellement et longuement
» affligée, etc. »

Les nombreuses citations que nous avons empruntées, le plus souvent possible, au conteur-poëte, ont pu faire apprécier la valeur littéraire de son œuvre. Quant à nous, ce poëme spirituel nous a paru posséder une certaine naïveté gracieuse et mignarde, dont l'exagération même nous semble pleine de charme. Peut-être nous sommes-nous laissé entraîner par une de ces irrésistibles sympathies d'archéologue que le vulgaire ne peut s'expliquer; peut-être un commerce continuel de plus d'une année avec le bon maître d'école a-t-il fini, comme cela arrive presque toujours, par nous faire admirer tout dans lui, jusqu'à ses défauts; peut-être enfin cette entraînante sympathie n'est-elle simplement que le résultat d'une tendance personnelle et intime, dont nous acceptons toute la responsabilité... Le lecteur a assez de documents sous les yeux pour répondre à ces diverses interrogations; qu'il lise, et il jugera.

PREUVES DE LA NAISSANCE DE St ROCH
A MONTPELLIER.

Si l'on n'admettait comme faits historiquement certains que ceux dont il existe une preuve directe, matérielle et authentique, il faudrait renoncer à étudier une bonne partie de l'histoire du monde. Que d'événements, de personnages et d'époques dont la connaissance s'appuie seulement sur des témoignages indirects, des inductions, des vraisemblances, des probabilités, et qui sont néanmoins universellement acceptés comme véridiques! Que pourrait-on répondre à ceux qui viendraient les nier aujourd'hui? Rien, sinon qu'on les tiendra pour vrais tant qu'ils ne parviendront pas à en démontrer la fausseté. Quoi de plus facile et de plus illogique, en effet, que la simple dénégation?

Or il n'est pas de fait historique, parmi ceux auxquels nous faisions allusion tout à l'heure, en faveur duquel il existe autant de *probabilités* accumulées que la naissance de saint Roch à Montpellier. Et si nous éprouvons un embarras, au début de cette *note*, ce n'est certes que l'embarras des richesses.

Quant à l'existence même de l'illustre pèlerin, du Guériseur miraculeux, du Vincent de Paul du XIVᵉ siècle, nous ne ferons pas à M. B. de la Martinière (1) et à ses rares adeptes l'honneur d'une réponse. Cinq cents ans de croyance et de vénération universelles rendent une pareille tâche superflue !

Le grand et unique argument de ceux qui ne veulent pas admettre que saint Roch est né à Montpellier, c'est le silence du *Petit Thalamus*. Ils oublient que cette chronique montpelliéraine, rédigée par des mains différentes et souvent interrompue, contient de nombreuses lacunes, entre autres celle de presque tout le XVᵉ siècle (de 1428 à 1502) ; qu'elle recueille surtout les faits profanes, souvent même les plus insignifiants, tandis qu'elle laisse passer inaperçus des événements considérables. Tout le monde sait, du reste, l'énorme quantité de titres, pièces, manuscrits qui ont été brûlés par les protestants pendant les guerres de religion. La même raison explique suffisamment l'absence presque totale de monuments pendant toute cette période.

Mais allons plus loin et admettons, pour un instant, le silence complet des contemporains de saint Roch ! Ce ne serait même pas encore un puissant argument contre le fait que nous voulons établir. Labruyère disait, en plein XVIIᵉ siècle, au milieu de la société la plus civilisée,

---

(1) M. B. de la Martinière prétend que saint Roch n'a jamais existé.

la plus érudite et surtout la plus jalouse de toutes ses supériorités et de toutes ses gloires : « *Combien d'hommes admirables, et qui avaient de très-beaux génies, sont morts sans qu'on en ait parlé !* » Cette triste mais judicieuse pensée ne doit-elle pas s'appliquer, à plus forte raison, au XIII° et au XIV° siècles ? Bon nombre d'illustrations du moyen âge n'ont-elles pas été exhumées, célébrées et pour ainsi dire découvertes dans les temps modernes ?

L'invention de l'imprimerie et les progrès de l'instruction et des lumières ne sont venus que plus tard faciliter et attiser l'impérieuse ardeur de renommée. Heureux les historiens de l'avenir ! Chaque homme, grand ou petit, prend soin, de nos jours, de publier lui-même et par avance ses titres, ou plutôt *ses prétentions* à la reconnaissance ou à l'admiration de la postérité. Il n'en était pas ainsi au XIV° siècle ; il ne pouvait pas en être ainsi pour saint Roch surtout, martyr volontaire de son silence et de son humilité ! Mais Dieu a pris soin de glorifier la mémoire de son héroïque serviteur, et l'hypothèse que nous avions admise un instant ne peut pas être acceptée.

Et, d'abord, une vingtaine de biographes de *toutes les époques et de tous les pays*, hommes en général savants et distingués, affirment positivement que saint Roch est né à Montpellier (1) ;

---

(1) *Is patriam habuit Monspessulanum, Narbonensis provinciam*, disent Diedo et le dominicain Louis

et, chose remarquable, pas une seule voix, parmi ces nombreux écrivains, ne s'est élevée contre cette assertion. Tous les historiens du midi de la France déclarent que le célèbre pèlerin est originaire de la vieille cité espagnole (1). Enfin le consciencieux auteur de l'*Histoire de la commune de Montpellier* résume l'état de la question en ces termes : « *La seule chose historiquement certaine, c'est que saint Roch naquit à Montpellier.* » Plus heureux que nos prédécesseurs, nous sommes parvenu à retrouver une généalogie complète de notre illustre compatriote (2). Mais, avant de faire connaître ces intéressants documents, qui éclairent d'un jour tout nouveau une question controversée depuis six siècles et la résolvent enfin

---

Maldura. Jean de Pins, évêque de Rieux ; Claude de la Roue, Pierre de Natalibus, évêque ; Krantzius, dans sa *Métropole de Saxe* ; le cardinal Baronius, dans son *Martyrologe romain* ; le *Bréviaire de Maguelone*, celui de Sleswig (Danemark), du Puy, de Mende, d'Agde, de Béziers, etc. ; Vadingue, Fermeluys Catel, Baillet (*Vies des Saints*), Fleury, Sicard, etc., affirment que saint Roch est né à Montpellier.

(1) Gariel, d'Aigrefeuille, P. Andoque (*Histoire du Languedoc*). « Durant ce règne (Charles le Bel), mourut » à Montpellier sainct Roch, qui en estoit natif. » Germain. — On trouve même, dans l'*Histoire de France* de Mézeray, parmi les noms des hommes du moyen âge *qui sont dignes d'un culte et d'une mémoire immortelle, saint Roch, né d'une noble famille à Montpellier, lequel on réclame contre la peste.*

(2) V. pièces justificatives, VI.

d'une manière définitive, nous devons résumer en quelques mots les présomptions sur lesquelles s'appuyaient nos prédécesseurs (1).

1° On lit sur un calendrier d'un vieux livre de parchemin, contenant les ordonnances royales, au 16ᵉ d'août, en grosses lettres gothiques : *Sancti Rochi confessoris*, et, en plus petits caractères, *oriundi de Monspessulano*. Or la dernière ordonnance contenue dans ce livre est de 1412 (Charles VI). Le calendrier remonte donc au XIVᵉ siècle.

2° Un missel de Maguelone, du XVᵉ siècle, porte, au 16 août, en lettres gothiques : *Sancti Rochi, martyris*. — On trouve la même mention, d'une écriture du XIVᵉ siècle, sur le calendrier du *Petit Thalamus*.

3° Le *Petit Thalamus de Montpellier* donne, à l'année 1505, la description d'une procession pour la peste, *faite aux frères prêcheurs, hors la ville, où était la chapelle de saint Roch*.

4° Dans le vieux *Cérémonial de Montpellier*, on trouve ce curieux passage : *Item, le XVIᵉ d'aoust est la feste de moss. sainct Roc, enfant de Montpellier, et est fondée une chapelle aux Jacobins, et les sieurs consuls vont cade jour aux honneurs au dit couvent, et n'y a que ung pavillon, et sonne la cloche de N.-D.-des-Tables, ledit jour, en l'honneur du sainct*.

5° Dans le *Martyrologe romain*, on voit, à la date

(1) V. en particulier d'Aigrefeuille, **Hist. ecclés. de Montpellier**.

du 16 août : *In Galliâ Narbonensi, apud Montempessulanum, depositio sancti Rochi, confessoris, qui multas Italiæ urbes à morbo epidemiæ signo crucis liberavit. Cujus corpus Venetias postea translatum est.*

6° L'autorité du concile de Constance (1414), auquel assistaient l'évêque de Maguelone et les députés de l'université de Montpellier, proclame solennellement la sainteté du glorieux pèlerin et sa naissance à Montpellier.

7° En 1629, les consuls font vœu d'élever une chapelle en l'honneur de saint Roch, leur compatriote (presque toutes les églises avaient été détruites pendant la domination des protestants [1562 à 1622]).

8° En 1640, ils font encore un vœu solennel dont nous avons déjà parlé longuement (1), et le renouvellent en 1664.

9° Dans l'intervalle, en 1661, une confrérie de Saint-Roch se fonde à Notre-Dame-des-Tables, sous les auspices de M. le marquis de Castries, qui en est élu prieur.

10° Enfin, au commencement du XVIII° siècle, la ville fait mettre au bas du tableau des consuls : *Beato Rocho, concivi sanctissimo, civit. et coss. Monspell....* etc. (2).

Comment expliquer la concordance de témoignages si nombreux et si divers ? Quelle origine donner aux pieuses et poétiques légendes popu-

---

(1) Voir *Culte de saint Roch*, p. 210 et 211.
(2) Voir cette inscription *in extenso*, p. 212.

laires qui se sont perpétuées jusqu'à nous, sur la maison de saint Roch, son bâton, sa statue, son puits et le banc sur lequel il s'assit à son retour à Montpellier? Et ce n'est pas seulement dans sa ville natale! Une tradition *universelle*, d'accord avec les historiens et les biographes, proclame dans la chrétienté tout entière que saint Roch est enfant de Montpellier! Enfin, tandis que son culte s'est propagé et étendu dans le monde chrétien avec une merveilleuse rapidité, que depuis plus de six siècles une constante vénération s'est attachée à ses reliques et jusqu'aux moindres souvenirs de sa courte et glorieuse existence, que chaque nation, chaque ville, chaque individu a toujours imploré avec une confiance sans bornes la protection du Guérisseur miraculeux, aucun historien n'a osé revendiquer pour son pays l'honneur de lui avoir donné naissance! Quelle preuve directe et positive, quelle affirmation contemporaine, quelle mention authentique du *Petit Thalamus* seraient aussi concluantes?

Pour appuyer et corroborer ces présomptions, Gariel et d'Aigrefeuille avaient essayé de constater l'existence d'une famille Roch à Montpellier, pendant le XIII° et le XIV° siècle. M. Germain, apportant à l'appui de cette proposition quelques noms nouveaux, fruits de longues et minutieuses recherches, a pu conclure avec certitude qu'*une famille Roch occupait à Montpellier, dès le XII° siècle et durant tout le moyen âge, une position considérable*. Nous-même, dans un précieux recueil de manuscrits (1) que nous devons à la gracieuse générosité de M. le duc de Castries, nous avons retrouvé un nombre considérable de Roch dans des rangs distingués, à toutes les époques (2). Restait à déterminer si saint Roch appartenait à cette famille.

(1) Cette collection forme un beau volume de 636 pages, composé de pièces de forme, d'écriture et d'époques différentes, réunies par les soins de la famille la Croix de Castries, sous ce titre : *Mémoires pour la vie miraculeuse du glorieux saint Roch,* natif de la ville de Montpellier, ornement et patron de la noblesse, et particulièrement de la maison de la Croix, issue du même sang que ce grand sainct, en faveur de laquelle sont ici rapportées plusieurs généalogies de ceste maison et d'aucunes ses proches alliées, avec les actes pour les justifier, ensemble les preuves de l'histoire des anciens et modernes seigneurs, barons et comtes de Castries.

(2) Manuscrit du duc de Castries :

(P. 155, v°.) — *Sauve Roch,* témoin dans une quittance faite en 1146, à Guillem, seigneur de Montpellier, et à Ermessende, sa mère, par Beatrix de Bonne, fille noble, en faveur de l'hôpital de Jérusalem.

(P. 406.) — Mémoires pour plusieurs du nom de *Dragonet Roch* (1214, 1216, 1217, 1367, 1392).

(P. 159.) — *Jourdaine Roch,* mère de *Guigues Roch,* vend le château de Castries à l'abbé Pons de St-Just, évêque de Béziers (67,000 sous tournois), en 1280.

Nota. — Dans les appartenances du château, se trouve un moulin, désigné sous le nom de

Les *pièces justificatives* que nous publions pour la première fois viennent établir surabondamment ce point capital, resté en suspens jusqu'à ce jour. Gariel et d'Aigrefeuille avaient bien

(P. 156.) — *moulin de Roch,* situé sur les bords du Lez. — *Guigues Roch,* fils du précédent, fait, en 1322, reconnaissance du château de Castries et hommage à Pons de Montlaur, tant pour le château de Castries que pour divers autres biens.

(P. 399.) — 1466, 25 juillet: Testament de noble *Jean Roch.* — Il y est question d'une Jeannette Roch, sa fille. — Mémoire pour Gabriel de Roch, fils de Jean, et de son testament du 12 septembre 1506. Mémoires du testament de Nicolas de Roch, fils de Jean (1504).

10 janvier 1540. Sentence arbitrale rendue entre Rostang de Roch, Estienne de Roch, Guillaume de Roch et Marthe de Roch; tous enfants de Jean Roch, par laquelle sentence arbitrale *la grande maison de la famille des Rochs fust partagée.*

(P. 247.) — 6 janvier 1540. Mariage entre François de Corsac et noble damoiselle *Marthe Roch,* fille de *Jean Roch,* seigneur de St-Christol.

Dans la liste des consuls de Montpellier on trouve, aux années suivantes :

1206, Jean Ros. — 1229, Jean Ros. — 1258, Estianus Roq. — 1296, Raimond Roq. — 1317, Ramond Roq. — 1322, Barthélemy Roq. — 1323, Jean Ros. — 1326, Pierre Roqua. — 1333, Pierre Roqua. — 1347, Jean Ros. — 1348, Jean Roque. — 1367, Armand Ros. — 1371 (sous-bayle), Armand Ros. — 1414, Jean Roq.

parlé de l'alliance qui existait, disent-ils, de tout temps, entre la famille Roch et la maison de la Croix de Castries, mais ils n'avaient fourni aucun document à l'appui de cette assertion (1) ; nous en apportons aujourd'hui.—Les pièces I, II et III tendent à prouver que cette alliance était une véritable filiation. Les deux suivantes, que nous devons à l'inépuisable obligeance de M. Germain, viennent corroborer la véracité des manuscrits

(1) Les fréquentes alliances qu'il y eut entre la maison de la Croix et celle de Roch, toutes deux des plus considérables de Montpellier, dans le XIIIe et le XIVe siècle, ont donné lieu à l'ancienne tradition qui assure que la maison de la Croix est la même que celle de saint Roch. Je n'oserais confondre ces deux maisons ; mais il est bien certain qu'il ne nous reste aucune maison alliée de plus près à celle de saint Roch que celle de la Croix.

(*Hist. de la ville de Montp.*, par messire Charles d'AIGREFEUILLE, 1739.)

On trouve les Rochs dans une belle alliance avec la maison de la Croix, qui mesla et unit heureusement leur sang et leurs vertus. On les trouve de même dans les honneurs et les emplois de Mallorque, d'Aragon et de France. Comme les rochers, fermes et inébranlables, les Rochs ont toujours témoigné leur courage et leur constance, et ceux de la Croix ont toujours fait voir, par les effets, que la croix rouge du côté senestre de saint Roch est restée dans leur cœur pour n'en sortir jamais qu'en produisant des actions généreuses, zélées et saintes.

(GARIEL.— *Idée de la ville de Montpellier*, recherchée et présentée aux honnêtes gens ; par Pierre Gariel, doyen des chanoines 1665.)

recueillis par les soins de la famille la Croix de Castries. Nous avons retrouvé, en effet, par une généalogie inédite bien établie, mais trop volumineuse pour être rapportée ici, que la mère de cette demoiselle Marie Bandinel, *qui tirait son extraction de saint Roch, qui fut fils de Montpellier* (1), était une Françoise de la Croix, et par conséquent de la famille Roch de la Croix. — En voilà certes plus qu'il n'en fallait pour établir, aux yeux de tout homme impartial, le fait de *la naissance de saint Roch à Montpellier.*

Mais il y a plus encore: la dernière pièce que nous éditons, *la généalogie de saint Roch,* vient couronner ce faisceau de présomptions, de probabilités et de vraisemblances par une preuve directe et positive (2). Cette généalogie ne peut être soupçonnée d'avoir été faite de connivence avec la famille de la Croix, puisqu'elle est basée sur des *mémoires trouvés par les propres recherches de l'auteur, auquel ces messieurs* (la Croix de Castries), *ignorant qu'il travaillait à cette histoire, ne se sont pas mis en peine de fournir les titres qu'ils pouvaient avoir devers eux dans leurs propres archives.* Nous la reproduisons textuellement dans toute son étendue. C'est là notre conclusion !

(1) V. pièces justificatives, IV et V.
(2) Généalogie de la maison du marquis de Castries, qui n'est autre que celle de la Croix, tirée de la suite de l'Histoire des Vaudois et des Albigeois, par le R. P. Benoist, de l'ordre des FF. prêcheurs. — V. p. 247.

PIÈCES JUSTIFICATIVES.

I.

Procès-verbal contenant enquête, devant le sénéchal de Montpellier, sur la parenté de la maison de la Croix avec le glorieux saint Roch. (4 mars 1656.)

Jacques Davoine, seigneur de la Faille, escuyer de la grand escurie du Roy, gentilhomme ordinaire de sa chambre, lieutenant pour sa majeste en la ville de Xainctes, senechal gouverneur de Montpellier :

Sur l'exposition faicte devant nous Andre de Trinquaire, juge mage en la dicte senechaussee, par noble Isabeau de la Croix, de la present ville de Montp.; dame de Lunel-Vieil, Montvilla et autres places, relaissee (1) de monsieur M° Philippe d'Isard, seigneur de Salagosse, vivant conseiller du Roy en sa cour des comptes, aydes et finances de la dicte ville; comme il lui est necessaire pour le bien de ses affaires, ancienne noblesse et lustre de son extraction, faire apparoir qu'elle et ses predecesseurs en droite ligne sont issus de la tige, maison et famille du glorieux confesseur et chevalier de la milice de N. S. Jesus-Christ, *monsieur St. Roch de la Croix*, originaire de la dicte present ville de Montp. et de l'estat des anciens seigneurs d'icelle, auparavant qu'elle eut ete acquise à notre Roy; et, à ces fins, faire attester

(1) Veuve.

comme de la race du dict St Roch estoit sorty, entre autres personnes illustres, feu messire Jean de la Croix, chevalier de l'ordre de St Michel, lequel, pour le service du Roy, moureust en la bataille de Baugé en l'an mil trois cent vingt un (1321), suivant honorable mention qui est faicte de luy aux chroniques de France; duquel messire Jean de la Croix descendait, entre autres seigneurs de même nom et armes, savoir : messire Guillaume de la Croix, gouverneur de la justice, quy est la dignité de senechal de la dicte ville de Montpellier, et messire Claude de la Croix, baron de Plancy, viscomte de Semoine, faisant son habitation en la cite de Paris; et que ledit messire Guillaume de la Croix laissa deux filz, savoir : messire Louis, de son premier mariage avec damoiselle Françoise de Cezelly, lequel messire Louis fut baron de Castres, premier président en la cour des aydes de Montpellier; et, de son second mariage, laissa Pierre de la Croix, seigneur de Teiran. Et le dict messire Louis, baron de Castres, laissa Henry, son filz et héritier; le dict Henry laissa Jacques de la Croix, Guillaume, Jean et François; et le dict Jacques eut prins son partaige la baronnie de Castres et les biens de ce pays de Languedoc, et laissa Jean de la Croix, son filz; et le dict Jean laissa autre Jean, son filz et héritier, et icelluy Jean laissa encore un filz de mesme nom, qui est messire Jean de la Croix, à présent seigneur et baron de Castres. Le dict François de la Croix fust seigneur de St-Bres et a laisse deux filz, qui sont monsieur Me Jean-Andre de la Croix, seigneur de Candillargues, et Henry de la Croix, sieur de Pueilles. Et le dict Pierre de la Croix, seigneur de Teiran, laissa Jean de la Croix, son aisne, seigneur du dict Teiran, et Anthoine de la Croix, seigneur de Montvilla. Et comme du dict Jean de la Croix, sieur de Teiran, ny a plus aulcungs dessendans ny successeurs quy soit de sa race, le bien d'icelluy avec la dicte seigneurie de Teiran, estant allee es mains etrangeres. Et le dict Anthoine, seigneur de Montvilla et Lunel-Vieil, de son mariage avec damoiselle Marguerite de Mariotte, a laisse la dicte damoiselle Isabeau de la Croix, sa fille et heritiere, laquelle, conformement à ses dicts predecesseurs, a pour armoiries une croix d'or en champ d'azur, charge d'un croissant au nombril. Et outre ce, de main en main, a este remis en son pouvoir le baston qui soulait porter le dict glorieux St Roch, conserve en la dicte ville, en la famille de ses dicts ancestres, qu'elle garde relligieusement, ainsin que chacun scayt, dans un estuy honnorable. — Et du dict messire Claude de la Croix, baron de Plancy, viscomte de Semoine, en l'epitaphe duquel est escript en cuivre, dans l'eglise des Cordeliers de Paris, en la chapelle de Plancy, autrement dict de Ste-Claire, faisant mention de ses progeniteures, comme estant de la race du dict St Roch, sont issus divers enfants, et d'iceux, entre autres, dame Marie de la Croix, femme de messire Gabriel de Guenegaud, viscomte de Semoine, conseiller du Roy et tresorier de son epargne; lesquelles personnes et mesme la dicte exposante *sont sorties de la race du dict glorieux St Roch, natif de la present ville, et en la quelle et en la rue dicte de Bouque-d'Or est la maison dicte de la tour de St-Roch,* autrement la tour d'Aubillion, possedee à present par sieur Jacques Gaillard, bourgeois, *que l'on tient pour certain en la dicte ville avoir este l'ancien domicille du dict St Roch de la Croix,* honnore despuis du nom de sainct, pour la sainctete de sa vie et miracles par lui exploictés, nommemant en la guerison des pestiferes; nous produisants en tesmoingz dignes de foi: messire Jean de Soulas, conseiller du Roy en ses conseils et presidan en sa cour des comptes, aydes et finances du Languedoc, aage de soixante-huict ans ou environ; Pierre de Baudan, aussi conseiller du Roy en ses dicts conseils et presidan en la dicte cour, aage de soixante ans ; monsieur Me Pierre de Griffi, conseiller du Roy en la dicte cour, aage de quatre-vingt-cinq ans; messire Thimottee de Montchal, seigneur d'Assas, etc., conseiller du Roy, tresorier général de France, aage de septante-cinq ans ; monsieur Me Anthoine Ranchin, aussi conseiller du Roy en la dicte cour des aydes et finances, aage de cinquante-huit ans; monsieur Me Pierre de Rignac, aussi conseiller du Roy en là dicte cour, viguier et premier consul de ceste ville la présent annee, aage de quarante ans ; monsieur Me Isac de Joubert, conseiller du Roy et magistrat au siege presidial et seneschaussee du dict Montpellier, aage de soixante-huit ans ; monsieur Me de Soulas, aussi conseiller du Roy au dict siege et seneschaussee, aage de cinquante-huit ans ou environ ; monsieur Me Barthelemy Planque, aussi conseiller du Roy et juge pour iceluy en la cour du Petit-Scel royal de la dicte ville et son ressorz, aage de soixante ans ou environ ; monsieur Me François de Ranchin, conseiller du Roy, professeur et chancelier en l'université de médecine de la dicte ville, aage de soixante-cinq ans ou environ ; Me Honnore Hugues, chanoine et chantre en l'eglise cathedralle St-Pierre du dict Montpellier, aage de soixante-cinq ans ou environ ; Me Nicolas de Montgravier, aussy chanoine en la dicte eglise, aage de septante-cinq ans ou environ ; reverandz pere Raymond Sabardez, relligieux du couvent de l'Observance de Montpellier, aage de septante ans ou environ ; Jacques Richard, relligieux au dict couvent, aage de quarante-ung ans ou environ ; Esprit Marrazel, predicateur et confesseur, de l'ordre des peres Recollets de la province de St-Bernardin en France, aage de soixante ans ou environ ; Me Guillaume Louis, docteur es droitz et advocat aux sus dicts courts, aage de quarante ans ou environ ; messieurs Pierre Seguin, bourgeois et second consul la presente annee de la dicte ville, aage de soixante ans ou environ ; Barthelemy Germain, aussy bourgeois, aage de soixante ans ou environ ; Pierre Mareves, aussy bourgeois, aage soixante-cinq ans ou environ; M^e. Antonin Comte, notaire royal de la dicte ville, aage de quatre-vingt-dix ans ou environ ; Estienne Vialla, aussy notaire royal et greffier en la maison consulaire de la dicte ville, aage de quarante-cinq ans ou environ ; François Laboissiere, maître chirurgien de la dicte ville, aage de cinquante ans ou environ. Pour lesquels, dueman assermentés l'un apres l'autre, la main mise sur les sainctz Évangiles, excepte les dicts sieurs chanoines et peres relligieux, les ayant mises sur la poitrine, *ont unanimement atteste et declarre estre la voix et fame publique dans la dicte ville de Montp., et l'avoire, la plus part d'iceux, ouy dire à leurs peres, meres et ayeulx, que le bienheureux St Roch estoit natif et originaire de la dicte ville de Montpelllier,* estan issu de la noble famille de ceux qui estoient seigneurs souverains du dict Montpellier, auparavant qu'elle eust este acquise par le Roy de France ; et que la maison qui est à present possedée par le sieur Jacques Gaillard, bourgeois, portant le nom de tour d'Aubillion, scituee dans la present ville et rue de Bouque-d'Or, respondant à la rue Ste-Foy, est estime estre la maison ou chasteau du dict St Roch, au temps que la ville estoit encore soubz le nom de Montpellieyret, qui est le quartier d'icelle, qui en porte encore le nom au della de la dicte maison, vers le vent grec et acquillon, que l'on tient avoir este le premier lieu habite de la dicte ville ; *et encore que ceux de la maison de Castres, qui portent le surnom de la Croix en ceste ville, sont descendus de la race et maison du dict St Roch,* en laquelle famille, pour l'avoir ouy dire, y a eu Guillaume de la Croix, qui feust gouverneur de la justice en la dicte ville, lequel'laissa, entre autres enfants, Louys de la

Croix, baron de Castres et premier president en la cour des aydes de Languedoc, et Pierre de la Croix, seigneur de Teyran ; auquel Louys succeda Henry, son filz ; au dict Henry, Jacques ; et au dict Jacques, Jean de la Croix, qui laissa un filz de mesme nom, auquel succeda messire Jean de la Croix son filz, qui est vivant et possede la dicte baronnie de Castres ; et du dict Henry serait sorti François de la Croix, seigneur de St-Bres, lequel a laissé deux filz, savoir : monsieur Me Jean-Andre de la Croix, seigneur de Candillargues, et Henry de la Croix, sieur de Pueille, quy sont tous vivants ; et au dict Pierre de la Croix, seigneur de Teyran, auroit succédé Jean de la Croix, qui estoit son aisne, la posterité du quel a prins fin. Et du dict Pierre estoit filz puisne Anthoine de la Croix, seigneur de Montvilla, de Lunel-Vieil, qui feust marie avec damoiselle Margueritte de Mariotte, duquel mariage est issue la dicte damoiselle Isabeau de la Croix, veufve du dict sieur de Salagosse, estant, les deux maisons de Castres et de Teiran, descendues d'une mesme tige, et ont toujours porte et portent encores aujourd'huy mesmes armoiries, qui sont une grande croix d'or en champ d'azur, avec un croissant au milieu et en la conjonction des deux branches.

Et de plus, en la maison et pouvoir de la dicte damoiselle exposante, est un baston fort antique, lesquel ilz ont vu dans un estuy honorablement tenu, qui est communement estime estre le baston que portoit en ses pellerinages le dict St. Roch, lequel baston ils sçavent avoir este d'anciennete conserve en la famille et maison de la Croix, dans la dicte ville de Montpellier, tel qu'il est encores dans la maison de la dicte damoiselle exposante, *comme estant icelle avec ses ancestres tenue du rang des vrays successeurs du dict sieur St. Roch ; et pour le regard de la dicte damoiselle Marie de la Croix, femme du dict sieur de Guenegaud, tresorier de l'espargne, ils ont ouy dire estre de la race et posterite du dict St. Roch.*

De quoy et de la genealogie du dict messire Jean de la Croix, quy mourust en la dicte bataille de Bauge, ils disent qu'ils s'en remettent aux histoires et au monument qu'il a este dresse en la dicte chapelle Ste-Claire, dans l'église des Cordelliers à Paris, desquels dires et depositions que la dicte damoiselle de la Croix en a requis acte, qui lui a esté octroye. Les tesmoings de quoy nous sommes signes de notre greffier ci-dessus nomme, et faict mettre à ces presentes le sceau royal de la dicte coür. Donné à Montpellier le 4e jour du mois de mars 1636. — De Soulas, Baudan, de Griffi, Montchal, Ranchin, Rignac, Joubert, de Solas, Louys, de Planque, Ranchin, Hugues, chantre; Montgravier, chanoine; Sabardez, S.-J. Richard; Esprit Marrazel, Mareves, Seguin, Germain, Comte, Laboissière, Viala. Ainsin dispose et atteste par devant nous, de Trinquaïre, juge magistrat, par mon dict sieur Barre, greffier, signé.

Extraict tiré des archifz du domaine du Roy de la ville de Montpellier, et du grand livre terrier d'icelluy, couvert de bazane violette, par nous Pierre Planque, conseiller et garde desdicts archifz, soubz signe.

Faict à Montpellier, ce 18e novembre 1636. Planque, ainsin signe.

II.

Procès-verbal d'expertise du bâton de saint Roch.

L'an mil six cent trente-huit et le 8ᵉ jour du mois d'avril, par devant nous André de Trinquaïre, conseiller du Roy, juge mage, lieutenant general en la marechaussee, gouvernement et siege presideal, a este presente Mᵉ Pierre Lavaur, habitant de Montp., lequel faisant pour noble Isabeau de la Croix, dame de Lunel-Viel, veufve du sieur de Salagosse, nous a represente que, par acte de notoriete fait devant nous le 18ᵉ novembre 1636, auquel temps le dict acte fust enregistre en actes des archifz du domaine du Roy de la present ville de Montpellier, *la dicte damoiselle de la Croix ayant fait apparoir comme elle et ses predecesseurs estoient issus de l'illustre race du glorieux St Roch et que de la maison d'icelluy ils auroient tire leur extraction*, et qu'au tesmoignage de ce, au pouvoir de ses ancestres et d'elle a ete et est aujourd'huy le baston appelle de St Roch, dont le dict sainct personnage se soulageoit allant par les chemins, à celle fin qu'il puisse apparoir de quelle qualité et condition est le dict baston qui est en son pouvoir, honorablement tenu dans un estuy à ce expressaman employe, ferme à clef et de quelle forme et mesure et consistance il se trouve encore pour le jourd'huy, à ce qui pour l'avenir et la chose et la mémoire d'icelluy en vray en puisse être conserve, nous a requis d'ordonner qu'en notre présence le dict baston soit exhibe et veriffie par experts à ce entendus, lesquels ayent à rapporter combien le dict baston a de longueur et de grosseur, qu'est ce qu'il paize et quelle est sa naturelle constitution par toute la longueur d'icelluy, et de quelle nature de bois il est, et autres circonstances en icelluy remarquables, et qu'a ses dictes fins soit par nous ordonne qu'il seroit pris des prudhommes d'office pour, en la personne du dict sieur procureur du Roy en notre siege, y estre faite la verification, pour icelle servir en temps et lieu.

Nous, dict juge mage, avons ordonné que, pour faire droit aux requisitions du dict Lavaur au dict nom, le procureur du Roy sera appelle, pour, en sa presence, y estre pourvu.

Et le même jour a comparu devant nous le dict Lavaur, qui a dict avoir fait appeller le dict sieur procureur du Roy, en la présence duquel a dict vouloir estre mis comme cy-davan à vérifier l'estat et qualité du baston de St Roch, qui est au pouvoir de sa dicte partie, aux fins de la precedente requisition.

Compareu Me Ramisse, procureur du Roy en notre siege, qui a dict qu'attendu que l'intention de la dicte damoiselle de la Croix regarde le bien, advantaige et honneur de l'Eglise de Dieu et de la chrestienté, qu'il n'empêche que la forme, qualité et constitution du dict baston ne soit verifiée, qu'à ceste fin soient pris par nous des prudhommes pour y proceder en notre presence et sience.

Le dit Lavaur pour la dite damoiselle y a consenti, etc.

Nous, dict juge mage, faisant droit aux requisitions de la dicte damoiselle de la Croix et procureur du Roy en notre siege, avons prins et nommé d'office, pour experts: frère Michel de St-Martin, relligieux de l'ordre Ste-Trinité et ministre du couvent de Montpellier; Pierre Marane, bourgeois, et Simon Thomas, maître menuisier, pour proceder à la verification de la qualité, longueur, grosseur, poids et naturelle constitution du dict baston, appelle de St Roch, et qu'a ces fins ce dict baston leur sera exhibe et mis en leurs mains en notre presance et du dict procureur du Roy, pour, la dicte verification faire, en dresser leur rellation; icelle remise devant nous, estre faict droict aux requisitions du dict Lavaur, ainsi qu'il appartiendra.

Et à l'instant, par le dict Lavaur, au dict nom, le dict baston appelle de St Roch, contenu dans un estuy de bois revestu du cuir, a este mis ès main du dict de St-Martin, Marade et Thomas, prudhommes, lesquels, appres avoir preste le serment, savoir, le dict de St-Martin la main mise sur la poitrine et les dicts Marane et Thomas la main mise sur les saincts Évangiles, de bien et fidellement faire la dicte verification, ayant extraict et tire hors du dict estuy le sus dict baston et l'ayant bien considere, palpe, mesure et paise en nostre presence et du dict procureur du Roy, *ont dict et rapporte le dict baston avoir sept pans et quart de longueur et un demy pan et quart de grosseur, et paise unze livres trois quarts; au petit bout duquel y a un sercle de fer rouillé attaché avec quatre petits cloux, de largeur le cercle demy travers de doigt; et à quatre travers de doigt du dict sercle, y a un nœud; et à un pan d'icelluy, autre nœud plus gros, duquel il a esté tiré un peu de bois; et à demy travers de doigt, sur le coste du dict nœud, y a une face de cherubin relevee d'un mesme bois; et environ demy pied du dict cherubin, sur une torture, y a une façon d'estoille à quatre pointes gravées dans le bois; et demy pied de soubs l'estoille, de l'autre coste, y a un grand nœud ferme au bout; et en dessendant et un peu plus bas, droict a droict, y a autre nœud aussi cruse au bout, derriere lequel, plus bas de quatre travers de doigt, autre nœud petit, aussi cruse au bois, avec une ligne en dessendant; et a deux pieds, du fond du gros bout, autre petit nœud un peu cruse, et au gros bout y a autre sercle de fer de largeur d'environ un pousse, tout* rouillé, *attaché de quatre cloux, y ayant despuis la dicte......... jusques au fond une petite fante le long du bois. N'ayant ils pu recognoître de quelle nature de bois est le dict baston et ce dessus ont dict, rapporte en Dieu et conscience, et se sont signés: St-Martin, Marane et Thomas.*

Nous, dict juge mage, avons octroyé au dict Lavaur du dire et rellation des dicts experts, au nom de la dicte damoiselle de la Croix, pour leur servir et valoir ainsi qu'il appartiendra, et nous sommes soubssignés avec le procureur du Roy et notre greffier.

Extraict tiré de l'original à moy exhibé par damoiselle Isabeau de la Croix, veufve du feu sieur de Salagosse, et par elle retiré dument collationné par moy, greffier en la senechaussé et siege presidial de Montp. Soubssigné Barre.

III.

*Épitaphe de noble seigneur Claude de la Croix,
de la race de saint Roch.*

A main gauche en entrant (1), sur une lame de cuivre jaincte à la paroy, il y a cest epitaphe; soubs, un homme à genoux deuant l'image de sainct Roch, l'homme et l'image de Roch graués en la dicte lame :

« Ci gist noble seigneur Claude de la Croix, s^r et baron de Plancy, vicomte de Semoine, etc., etc.... duquel le quatriesme aieul, nommé messire Jean de la Croix, cheualier dont est faict mention aux Chroniques en l'an mil IIIIe vingt et un, au chapitre de la bataille de Bauge, a expose sa vie au recouuerement de ceste couronne sur les Anglais ; *et estoit issu de la race de St Roch.* Lequel est decede le 15e jour de decembre, l'an mil cinq cens soixante et dix. Pries Dieu pour son ame. »

(1) Dans l'église des Cordeliers, à Paris.

IV.

Quittance concernant la fondation d'une chapelle en l'honneur de saint Roch.

Je, frère Dominique Bruny, prieur du couvent réformé des frères prêcheurs de Montpellier, confesse avoir receu de très-honorable damoiselle de Talamandier la somme de dix livres, pour appliquer au bastiment d'une sienne chapelle qu'elle désire dans notre dict couvent de Montp., soubz le nom de St Roch. En foy de quoi je me suis signé. Ce 10me avril 1619. — Dominique Bruny, prieur.

(*Arch. dép. de l'Hér.* — Fonds des Dominicains de Montp. Original. Ensemble *deux autres* quittances du même genre, concernant la même fondation.)

V.

Épitaphe de Marie de Bandinel, veuve Taillemandié, de la race de saint Roch.

Damoiselle Marie de Bandinel, veuve de feu M. Taillemandié, mourut le 4 de fébrié 1642, et fut ensevelie le lendemain en l'église des pères capucins dans la chapelle de N.-D., qu'elle avait faict faire et orner en l'estat qu'elle est à présent, ayant faict porter de Gênes l'image de N.-D. de marbre blanc, le tout lui ayant cousté environ de 500 escus ; et, par son testament, a donné cent escus au couvent des pères capucins, et laissé cent francs pour fournir l'huile de la lampe qui est dans la dicte chapelle. — Elle fut seconde femme de son mary, duquel elle eust une seule fille, qui est mariée avec le président d'Aussonne, à Thoulouse... *Elle tirait son extraction de saint Roch, qui fut fils de Montpellié, et sa famille était des plus anciennes et honorables de la ville, qu'on appelait la grande race, pour le grand nombre des nepveux et parens qu'elle a par tout ce païs.*

(R. I. P. — *Arch. dép. de l'Hérault.* — Fonds des Capucins de Montp. Sépultures de l'église de leur couvent.)

VI.

Généalogie de la race de saint Roch (1).

J'avais formé le dessein d'embellir mon ouvrage de l'histoire des Albigeois, des généalogies de tous les barons de la province de Languedoc qui ont droit d'entrer aux États, parce que j'ai trouvé que la plupart de leurs ancêtres se sont extrêmement signalés dans les guerres de la croisade contre les Albigeois, pour la défense de l'Eglise romaine et de la religion catholique, dont ils faisaient profession avec une fermeté inébranlable; mais, dans les recherches que j'ai faites des titres et des mémoires nécessaires pour l'exécution de ce grand dessein, n'ayant pas été assez heureux de trouver tout ce qui m'était nécessaire pour justifier les sources et descendances de toutes ces illustres maisons, soit parce que, dans les malheurs des guerres civiles, les huguenots eurent un grand soin de piller et de brûler tous les titres anciens qu'ils trouvèrent dans les villes et les châteaux dont ils se rendirent les maîtres, afin d'étouffer, avec la mémoire de l'antiquité de la noblesse, celle de la vraie religion, qu'ils tâchaient d'abolir, pour donner plus de vigueur à la nouvelle et à la fausse qu'ils

---

(1) Suite de l'*Histoire des Albigeois,* contenant la Vie de saint Dominique, patriarche de l'ordre des frères prêcheurs, et les services importants que son ordre a rendus à l'Église pour l'extirpation des hérésies; par le R. P. BENOIST, de l'ordre des FF. prêcheurs. — A Toulouse, par J. et G. Pech, imprimeurs de Mgr l'archevêque d'Alby, à l'enseigne du Nom-de-Jésus. 1693. — Avec privilége du Roy. — In-12.

voulaient introduire, sous le titre spécieux de réformation ; soit parce que ces messieurs, ignorant que je travaillais à cette histoire, ne se sont pas mis en peine de me fournir les titres qu'ils peuvent avoir devers eux dans leurs propres archives, je suis réduit à ne donner présentement au public que celles dont j'ai été assez heureux de trouver les mémoires par mes propres recherches, qui sont la maison de Castres, qui est celle de la Croix, et celle de la maison de Cauvisson, qui n'est autre que la maison de Louët et de Nogaret. Je commence par celle de Castres.

On trouve dans les annales d'Aragon et de Majorque un certain seigneur, non moins fameux par sa piété que par sa valeur, qui se nommait Jean de Majorque ; mais, ayant pris la croix pour aller en Orient faire la guerre contre les Sarrasins, il prit une grande croix sur sa cote d'armes, qu'il ne quitta jamais pendant la guerre, ni même après son retour : cela fit qu'on s'accoutuma à le nommer Jean de la Croix. Il s'en fit honneur et transmit ce beau nom à tous ses descendants, qui ont pris pour leurs armes une croix d'or sur un champ d'azur, en sautoir d'argent, cantonné de quatre fleurs de lis d'or, qui sont les armes des aînés de la maison de Castres, et les cadets brisent la croix d'un croissant de gueule dans le milieu.

Ce Jean de la Croix eut de sa femme, dont on ignore le nom, un fils nommé Raimond de la Croix, qui épousa Mathilde de Courtenay, de laquelle il eut un fils, nommé Estienne de la Croix.

Celui-ci fut gouverneur de Montpellier et marié à une fille du roi de Naples, de la maison d'Anjou, fut envoyé ambassadeur à Rome et à la cour de France ; il eut de cette princesse deux fils, Jean de la Croix et Guillaume Roch de la Croix.

Jean de la Croix, fils aîné d'Estienne de la Croix,

fut marié avec Libere, fille de la maison des rois de Hongrie, de laquelle il n'eut qu'un fils, qui fut SAINT ROCH, qui, ayant abandonné ses biens pour suivre Jésus-Christ dans une vie pauvre et évangélique, mourut sans se marier, et laissa ses biens et ses états à Guillaume Roch de la Croix, son oncle, qui continua cette noble postérité.

Guillaume de la Croix fut amiral de Majorque, premier ministre de cet État et vice-roi (1) de Montpellier; il fut marié avec Judith de Montmorency, de laquelle il eut un fils nommé Jean de la Croix.

Ce Jean de la Croix, fils unique de Guillaume, fut marié avec Bertrande de Goth, vicomte de Lomagne, qui lui donna, sous l'hommage d'une paire de gants, plusieurs terres près Danvillers. Jean de la Croix eut, de ce mariage, un fils nommé Louis de la Croix, qui épousa Émingarde de Magni, fille du connétable de Languedoc; il fut chambellan et eut une compagnie d'ordonnance. Ce Louis de la Croix eut un fils nommé Jean de la Croix, qui fut chevalier des ordres du roi de France, capitaine des gendarmes et général de l'artillerie. Il épousa Jeanne de Stuard, de la maison royale d'Écosse, et fut tué dans une bataille contre les Anglais. Il laissa un fils nommé Jean de la Croix : ce Jean de la Croix vivait sous Charles VI, roi de France; il se signala si fort à la bataille de Baugé contre les Anglais, que le roi le fit chevalier de son ordre. Il eut de sa femme, dont on ignore le nom :

Jean de la Croix, qualifié baron de Castres; il ne laissa qu'un fils :

Guillaume de la Croix, baron de Castres, fut gouverneur de la ville de Montpellier, comme il appert par une transaction passée entre ses enfants l'an 1503; fut marié

(1) Gouverneur.

deux fois : la première, il épousa Françoise de Cezelli, écuier, seigneur de Figaret, de laquelle il eut trois fils et une fille :

1. Louis de la Croix, baron de Castres, continua la lignée des aînés de cette maison ;

2. Geoffroy de la Croix, seigneur de Riquebourg et baron de Franville, a donné origine à la branche des barons de Plancy et vicomtes de Semoine ;

3. Jean de la Croix, seigneur de Montferrier, qui mourut sans être marié ;

4. Guillemine de la Croix, mariée avec Jean de Maubec, seigneur de Ste-Camelle, près de Castres. De ce mariage sont issus messieurs de Picalvel, près dudit Castres.

Ledit Guillaume de la Croix épousa en secondes noces Jeanne de Boussevin, de laquelle il eut :

5. Pierre de la Croix, écuyer et seigneur de Teyran, viguier de la ville de Béziers ; celui-ci épousa N..... et eut deux fils et une fille :

L'aîné fut Jean de la Croix, seigneur de Teyran, marié avec Louise de Sarra, dont ne vint qu'une fille, Marie de la Croix, femme du président Bouquaut ;

Antoine de la Croix, frère de Jean, fut seigneur de Montvilla, et s'allia avec Marguerite de Mariotte, dont il eut Antoine et François de la Croix, morts sans enfants, etc. ;

Isabeau de la Croix, femme de Philippe d'Isard, écuyer et seigneur de Saragosse, conseiller du roi et en la chambre des comptes de Montpellier.

Marie de la Croix, sœur de Jean et d'Antoine de la Croix, épousa Jean de Chedebien, président de Montpellier.

Louis de la Croix, chevalier, baron de Castres, fils aîné de Guillaume de la Croix et de Françoise de Cezelli, son épouse, transigea et partagea avec Geoffroi et Jean, ses frères puînés, et avec Pierre de la Croix, son autre frère, issu du second lit l'an 1503. Il eut pour femme Jeanne de Montfaucon, fille de Claude de Montfaucon, chevalier, baron de Vezenobre, et d'Anne Ducel, de laquelle il eut :

1. Henry de la Croix, baron de Castres ;
2. Guillaume de la Croix, seigneur de Figaret.

Henry de la Croix fut marié avec Marguerite de Guillems, de la maison des seigneurs de Montjustin en Provence, et de ce mariage il eut :

1. Jacques de la Croix, baron de Castres ;
2. Jean de la Croix, seigneur d'Anglas ;
3. François de la Croix, seigneur de St-Brez.

Jacques de la Croix, baron de Castres, chevalier de l'ordre du roi, fils aîné d'Henry de la Croix, épousa Diane d'Albenas, fille de messire Jean d'Albenas, chevalier et seigneur dudit lieu. Il fit testament le 5 octobre 1572, étant prêt à partir pour la cour, en qualité de député du corps de la noblesse du Languedoc; il institua son héritier universel Jean de la Croix, son fils, et légua certaines sommes d'argent à ses autres enfants :

Gaspard de la Croix, seigneur de Mairargues, Françoise de la Croix et Marguerite de la Croix, qui fut mariée avec Guillaume de Bonnet, chevalier, seigneur d'Aumelas, conseiller du roi et trésorier général de France en la province du Languedoc.

Jean de la Croix, chevalier, baron de Castres, Miramond de Gourdiéges, etc., fils de Jacques de la Croix, épousa Marguerite de Volhe, fille aînée de messire Pierre de la Volhe, conseiller du Roi, premier président en la chambre des comptes de Montpellier. Il fit testament le 27 juin 1592, et nomma pour son héritier universel son fils :

Jean de la Croix, gentilhomme de la chambre du roi. Il fut guidon de la compagnie d'ordonnance de Henry, duc de Montmorency, pair et admiral de France et gouverneur du Languedoc. Il se distingua dans toutes les guerres, pour le service du roi, contre les huguenots, et tint séance dans l'assemblée des États du Languedoc, comme l'un des premiers barons, l'an 1610. Il épousa dame Louise de l'Hôpital, fille aînée de messire Jacques de l'Hôpital, comte de Choisi, vicomte Domet, baron de Montigni, Lencoup et Courtenville, chevalier des deux ordres du roi, conseiller en ses conseils d'État et privé, capitaine de cent hommes d'armes, gouverneur et lieutenant pour Sa Majesté ès contez de Clermont-d'Auvergne, sénéchal desdites contez, chevalier d'honneur de la reine Marguerite, et de Magdelaine Cossé, son épouse.

De ce Jean de la Croix et de Louise de l'Hôpital sont provenus quatre fils :

1. Jacques de la Croix, baron de Castres, mort au siége de Mastric l'an 1632, sans avoir été marié ;

2. Henry de la Croix, seigneur de Villebresse en Anjou, non marié ;

3. Nicolas de la Croix, chevalier de Malthe ;

4. René-Gaspard de la Croix, après la mort de son frère, Jacques de la Croix, prit la qualité de baron, puis de comte de Castres, et, sous ce titre, il a commandé une compagnie de chevau-légers, entretenus pour le service du roi, avec laquelle il se trouva au siége et à la prise de la ville de Landorcis, et en plusieurs autres occasions de guerre, où il s'est si bien distingué, qu'en considération de ses bons services LOUIS LE GRAND l'appela au nombre des chevaliers de son ordre dans la promotion de l'an 1662.

Il a été marié deux fois : la première, en 1637, avec dame Isabeau Brachet, veuve de François Daubusson, comte de la Feüillade, fille et héritière de Guy Brachet, chevalier et baron de Peruse en Limousin, et de Diane de Mailhé, dit Latour-Landry, comte de Château-Roux, et de Diane de Rohan, de la maison de Guéméné.

Il épousa en secondes noces Élisabeth de Bonzi, fille de François, comte de Bonzi, et de dame Christine de Quiery, et sœur de Mgr Pierre de Bonzi, cardinal-archevêque de Narbonne, grand aumônier de la feu reyne, fameux tant par plusieurs importantes négociations qu'il a terminées avec gloire, en qualité d'ambassadeur de Sa Majesté Très-Chrétienne, en plusieurs cours d'Europe, que par les services qu'il continue de rendre au roi dans la province du Languedoc, en qualité de président-né de ses États.

René-Gaspard de la Croix, comte de Castres, a laissé, de ce dernier mariage, sept fils. Le cadet a pris le parti de l'Église et se nomme l'abbé de Castres; il est prévôt et grand archidiacre de l'église cathédrale de St-Just de Narbonne, dans laquelle dignité il se distingue si fort par la capacité qu'il s'est acquise dans les études, et par une application singulière à toutes les œuvres de piété et à tous les devoirs de son état, qu'on espère de le voir bientôt un grand prélat dans l'Église.

L'aîné, nommé Joseph-François, marquis de Castres, dès l'âge de dix-huit ans a mérité d'être fait colonel d'infanterie, gouverneur de la ville et citadelle de Montpellier et sénéchal de la même ville ; et, dans une rencontre qu'un corps de troupes du roi, commandé par le marquis de Sourdis, dans l'électorat de Cologne, eut avec une partie de l'armée des impériaux, le marquis de Castres, qui n'avait alors que vingt ans, paya si bien de sa personne, dans cette judicieuse retraite que fit M. le marquis de Sourdis, après avoir soutenu quelque temps les ennemis, qui l'auraient accablé par le nombre, que Sa Majesté fit le marquis de Castres brigadier d'infanterie. Il a depuis épousé une fille de la maison de Mortemare, et, par ce moyen, il soutient l'éclat de sa maison, par cette nouvelle alliance avec une des plus anciennes et des plus illustres maisons de France.

Il y a plusieurs branches de cadets de la maison de la Croix en Savoye, en Champagne, en Limousin, et dans la Montagne de Languedoc, qui ont fleuri depuis plus de deux cents ans, et principalement celle des vicomtes de Semoine, de Plancy et de Bruni, souverains du Frêne, dont l'illustre M. d'Ozié a fait une généalogie très-exacte, par laquelle il justifie que cette branche de Plancy et Bruni, en Champagne, outre les grands emplois que les MM. de Bruni ont eus dans les armées, dans les maisons de nos rois et de nos reines, sont aussi alliez aux maisons de Marlay, de Courtenai, de Clermont, de Boutiller, de St-Blaize, de Salazar et autres illustres et anciennes maisons de France.

FIN

TABLE DES MATIÈRES.

	pages
Préface	1
Introduction	9
Table de l'Introduction	69

CHAPITRE Ier.

Montpellier à la fin du XIIIe siècle.................... 73

§ I. Description topographique et pittoresque de Montpellier... id.

§ II. Situation politique de Montpellier.—Son importance à la fin du XIIIe siècle.—Prise de possession de Montpelliéret par les officiers de Philippe le Bel (1293).. 89

CHAPITRE II.

Naissance de saint Roch. — Son enfance. — Présages de sainteté....................................... 103

CHAPITRE III.

Enfance de Roch.—Philippe le Bel à Montpellier (1304). Le grand mystère. — Le chevalet................ 120

CHAPITRE IV.

Jeunesse de Roch. — Les mendiants et le lépreux. — Mort de ses parents. — Un enterrement au moyen âge.. 133

CHAPIVRE V.

La rue *Bona-Nioch*. — Roch vend ses biens et les distribue aux pauvres. — Il part pour l'Italie (1315)...... 145

CHAPITRE VI.

Pélerinage. — Le fils du Diable. — Arrivée de Roch en Italie. — La peste. — Guérisons miraculeuses à Aquapendente, Césène, Rimini, etc................ 154

CHAPITRE VII.

Arrivée à Rome. — Aventure merveilleuse *du cardinal*. —Roch se dirige vers Plaisance, et délivre les habitants de la peste.—Atteint lui-même du fléau, il est chassé de la ville. — Fontaine merveilleuse (poirier miraculeux). 166

Appendice. — Roch délivre Plaisance de l'oppression du tyran Galéas Visconti......................... 174

CHAPITRE VIII.

Roch est nourri par l'intervention divine. — Aventure extraordinaire de Gothard et de son chien. — Conversion de Gothard............................... 176

CHAPITRE IX.

Progrès de Gothard dans la voie de sainteté. — Roch guéri par un ange. — Il délivre de nouveau Plaisance de la peste et guérit les bêtes. — Voix du ciel. — Il quitte l'Italie................................. 183

CHAPITRE X.

Retour de Roch à Montpellier (1322). — Sa longue captivité. — Procession pour la pluie. — Circonstances merveilleuses qui accompagnèrent sa mort (16 août 1327)....................................... 190

APPENDICE.

CULTE DE SAINT ROCH. — Il commence le jour même de sa mort. — Concile de Constance (1414). — La réputation de sainteté du Guérisseur miraculeux se répand avec une incroyable rapidité dans toute l'Europe. — Monuments élevés en son honneur. — Miracles opérés par son intercession. — Histoire de ses reliques. — Ruse des Vénitiens. — Vœux des consuls de Montpellier (1640, 1664, 1721). — Translation des reliques d'Arles à Montpellier (31 mai 1838). — Choléra, recrudescence du culte de saint Roch à Montpellier. — Manifestations populaires. — Loterie. — Église monumentale........................... 203

NOTES.

Note 1. — Les biographes de saint Roch............ 215
Note 2. — Preuves de la naissance de saint Roch à Montpellier....................................... 223

PIÈCES JUSTIFICATIVES.

I. Procès-verbal contenant enquête, devant le sénéchal de Montpellier, sur la parenté de la maison de la Croix avec le glorieux saint Roch (4 mars 1636).. 235
II. Procès-verbal d'expertise du bâton de saint Roch... 242
III. Epitaphe de noble seigneur Claude de la Croix, de la race de saint Roch............................ 246
IV. Quittance concernant la fondation d'une chapelle en l'honneur de saint Roch........................ 247
V. Épitaphe de Marie de Bandinel, de la race de saint Roch.. 248
VI. Généalogie de la race de saint Roch............. 249